JN245863

早坂文彦［著］

アクセプタンス&コミットメント・セラピー

Acceptance and Commitment Therapy

ACTによる
パストラル・カウンセリング入門［理論編］

YOBEL,Inc.

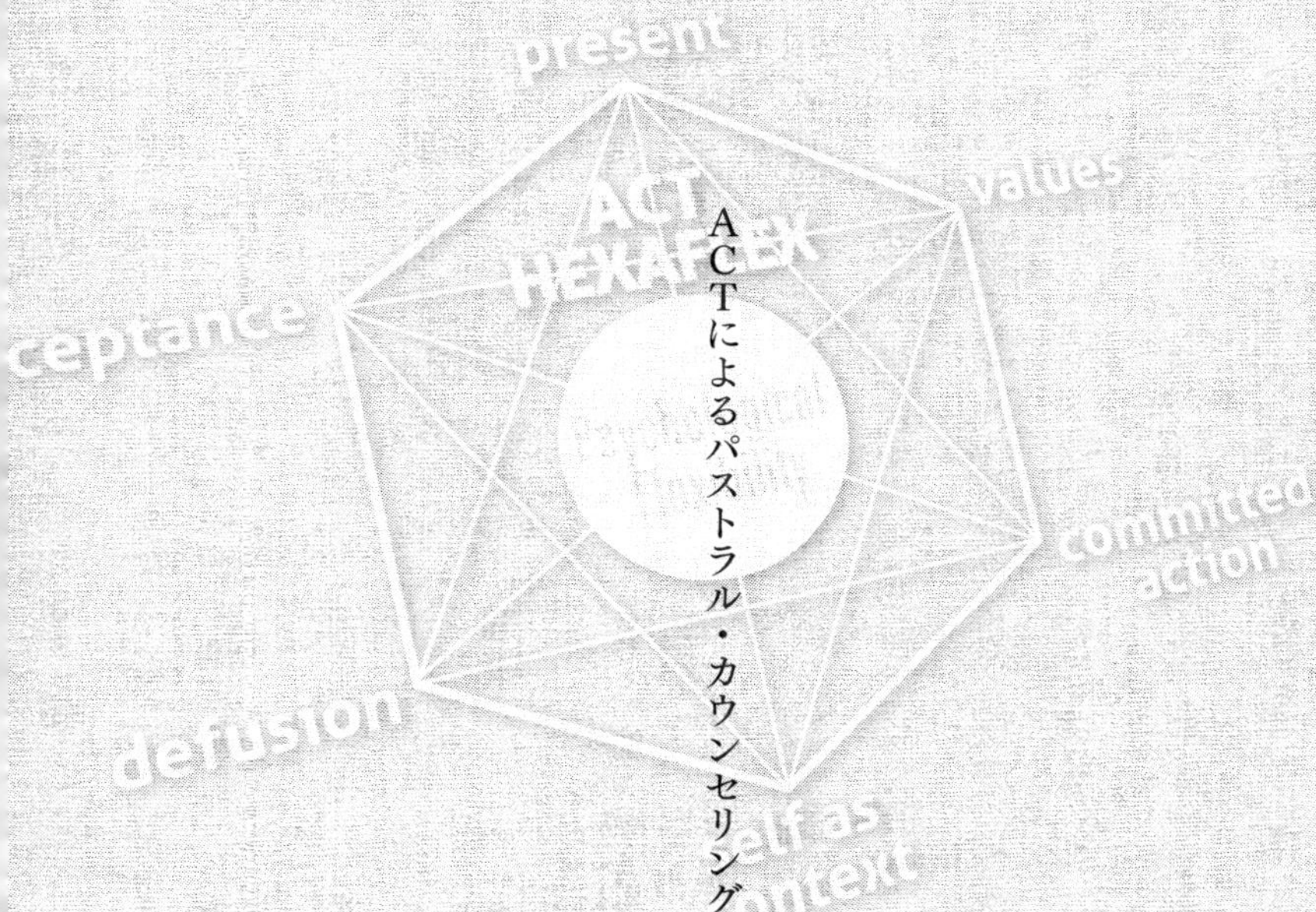

ACTによるパストラル・カウンセリング入門　理論編

目次

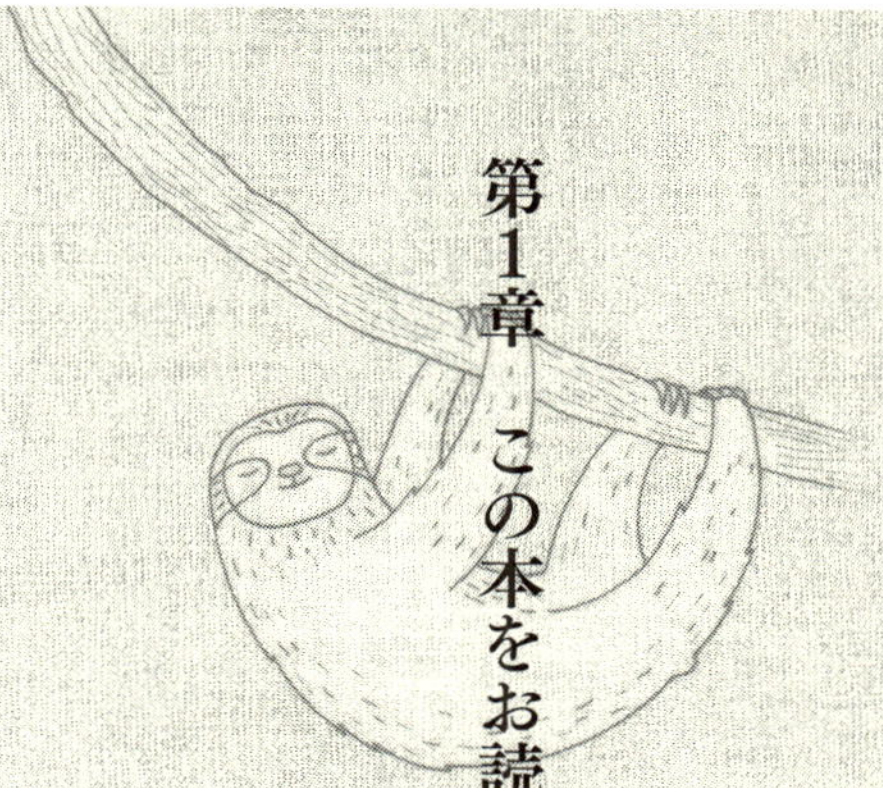

第1章　この本をお読みくださる方へ

多くの人々に開かれたパストラル・カウンセリングを

なぜ従来の「牧会カウンセリング」という語を使わずに、「パストラル・カウンセリング」というカタカナ語にしたのか。これには私なりのこだわりがあります。わたしはこのカウンセリングを、キリスト教会に所属していたり、町の牧師を頼って相談に行ったりする限定された人たちだけのものと考えるではなく、「神は全世界に向かって語っておられる」という認識から、「宗教」というカテゴリーだけのものとしてではなく、もっと多くの人々のものであるべきだと考えるからです。そのとき、牧会の主体と対象、その提供者と受領者は、教会の垣根を超えるものとならざるを得ません。

よく、神の「沈黙」ということを言います。(1) 神のことはよく分からないということです。それは特別な人、良い意味か悪い意味かは別として「霊的」な人の感得しうるものであって、一般の人間には「理解しがたいもの」、「謎めいたもの」、「怪しいもの」であるということです。事実、古代より、神のことはシャーマンという異能《カリスマ》を持った人たち、あるいは祭司・神官などという制度上の役割を担う人々にゆだねられていました。

しかし事実は少しばかり違います。神はすべての人に、あなたにも、わたしにも語られるのです。旧新約聖書によれば、神の言葉を聞いたのは、あるときはパレスチナをさまよう流民であり、またあるときはエジプトの奴隷であり、さらには帝国に翻弄され、滅ぼされ、捕囚された小国の民であり、貧者、病者、遊女、徴税人など社会の最底辺の人々でした。その代表ともいうべき羊飼いはキリスト降誕の知らせを最初に受け取った人々とされています（ルカ2・8〜20）。これらの証言が指し示していることは、神はすべての人がその声を聞きうるものとなるように、これらの人々を選んだということ、したがって神の言葉は誰にでも聞きうるのであって、特別な資質能力・経験教養・興味関心・環境所属の者にのみ手の届くものではないということです。

「牧会」ないし「司牧」という言葉は、プロテスタントとカトリックの違いはあれ[2]、キリスト

(1) 遠藤周作の小説『沈黙』は有名ですが、その主題は「神は語る」ということであり、人間と共に苦しむ神が、人間の宗教的な教条（たとえば「殉教すべし」など）を超えて、時にはそれに反してさえも、語られるということです。

(2) プロテスタントでは「牧会」、カトリックでは「司牧」というこの言葉は、聖書の中で羊飼いが羊を養うという意味で使われている言葉に由来しており、英語では“pastoral care”、ドイツ語では“Seel Sorge”（魂への配慮）と言います。

教では使い古された言葉です。けれども一般の方々にはなじみのない言葉だと思います。誤解を恐れずに言えば、これは業界用語・隠語です。教会にとっては大切な用語のひとつに違いありませんが、それだけに手あかのついた言葉であり、その使い方は限定されています。「牧会」も「司牧」も、一般には無関係の「キリスト教」ないしは「宗教」というカテゴリーの専門用語として、限定された人々のものになっています。

しかし、神は万人に語られる！　そうであるとすれば、「牧会」の語義の本来の広さを取り戻すためには、あたらしい造語が必要になるのではないか。わたしはそう考えました。さいわい日本語にはカタカナ語があります。「野球とベースボールは違う」などと言われるように、カタカナ語は微妙なニュアンスの違いを表現する新造語の役割を果たすことができます。米国の臨床心理学界では“pastoral counseling”は、れっきとしたカウンセリングの一カテゴリーとして認知され、比較的に広範の人々に役立てられています。この意味でも、「パストラル・カウンセリング」は、広範な意味合いを含めやすいのではないかと思います。神の言葉は教会に関わる人々に限定されず、それを超えた射程の広さを持っています。だとすれば、それにふさわしい「牧会」、つまり万人のための「牧会」として、わたしは「パストラル」を使ってみようと考えたわけです。

神は沈黙するのではなく、いや沈黙を通してさえも、雄弁に語っておられる。語る神が欲しさえすれば、あなたも、わたしも、誰もが、その声を聞くことができる。そして神はそのことを求めておられる。この前提から考えたとき、狭い意味の「牧会」ではなく、その主体と対象を日々新たに拡大していく創造的営みとして、牧会カウンセリングの新たな脱皮を「パストラル」の語に託したいと思うのです。

こうした牧会概念の再編の試みの延長線上にあることとして、この本では二つの立場の人々を読み手として想定しています。本のタイトルに〈パストラル・カウンセリング〉とあるように、第一は「カウンセリング」、つまり心理職を始め教育や福祉など一般の対人援助に関わる専門家のために、第二は「パストラル」、つまりキリスト教の牧会ないしは司牧に関わる聖職者のためにです。どちらのサイドの人々も、互いに無関心で、さらには相手をうさん臭いとさえ思っているかもしれません。わたしは牧師であり同時に心理職にある者として、この乖離を非常に残念に思うようになりました。どちらの側にある人にとっても、互いが大切にしてきたことから豊かな学びを得ることができるということは間違いのない真実だからです。教会に救いはあっても癒しがない、心理学に癒しはあっても救いはない。そうだとすれば、救いを背後にもつ癒しはどこにあるのでしょうか。わたしはこの状況を何とか改善したいのです。

第一にわたしはこの書物で、宗教の枠を超え、心理・教育・福祉・行政など対人援助を生業とする方々との対話を求めています。そのような方々にとって、非科学的な宗教などというものを責任ある対人援助で用いるべきではないということになるのかもしれません。しかし、たかだか数百年の近代精神の歩みではカバーし尽くせない古代よりの叡智からも、大切なことを学ぶことができるとわたしは考えます。その叡智とは、人間を「主語」にするのではなく、神を「主語」にするという思考方法です。典型例をあげれば、「人間は自分自身を救うことができる」を前提にするのではなく、「神は人間のために行動された」からスタートする思考方法です。この書物で採用するのは後者の方法です。「神？　主語？　何を言っているのかわからない！」と思われるでしょう。けれども、この方法でなければ語り得ないこと、学び得ないこともあるのです。「食わず嫌い」をせず、まずは読み進んでみてください。神と人間についての深い知恵に基づいたカウンセリングは、神の慈しみを招き入れることで、より効果的なものになるはずです。

第二にこの書物は、牧師やそれに準ずる仕事をするキリスト教会の方々に向けても書かれています。そのようなみなさんの中には、わたしのスタンスに眉をひそめる方もおられるかもしれません。ご批判を受ける覚悟はあります。しかしさらに願うのは、対話を続けていただきたいということです。宣教の業にしても神学にしても神の国の到来までは暫定的なものでしかありません。その時を待ち望みつつ急ぎ行く輩《ともがら》として、互いに毒麦は抜かない胆力を保ちたいと思うのです。[3]

ここで牧会及びパストラル・カウンセリングの定義と、先に述べた牧会の主体と対象の拡大の根拠を述べておくことにいたしましょう。

「牧会」は牧師の仕事の総称として使われてきました。とはいえ厳密には、「牧会」は公に語られる説教を個人的に語ることであると定義されるべきです。[4] もちろん牧師の仕事の中には、教会の運営にかかわるさまざまの活動や社会的な働きも含まれます。小事に忠実でなければなりません。[5] しかしそうであっても、そのあらゆる活動は、神の委託に応えて、神の言葉を人々に語ることに収斂されます。ですから牧師の仕事は、第一に公に語る説教であり、第二に個人に語る牧会

（3）マタイによる福音書13・24—30。
（4）語ることとはいえ、牧会の場での実際の伝達は双方が語る対話を通してなされ、特に聞くことが重要であることは注意が必要です。しかしこれは公に語る説教でも同じなのです。自ら語るときも、神に聞き、会衆と世界に聞き、さらには自分自身の内部にも静かに耳を傾けていなければなりません。
（5）ルカによる福音書16・10。

なのです。

牧会は、伝統的には、説教をするように神から委託された牧師が、託されたメッセージを個人に届ける仕事です。この個人的な説教としての牧会のアート[6]について、現代の心理学を用いた牧会として、パストラル・カウンセリングという新しい提案しようとするものです。「牧師に心理学は不要だ」とおっしゃる方もおられると思いますし、そうかもしれません。しかし、ここではどうかその判断を一旦保留して、この書物のささやかな提案に耳を傾けてみてください。その上でご批判いただければと思います。従来、「牧会カウンセリング」と言われていた、牧会と心理学の無批判かつ楽天的な折衷よりは、いくらか進歩した統合に、ある程度成功しているのではないかという自負はあります。神の言葉には力があります。この力を預かる私たちが心理学の適切な使用を身につけるならば、一般のカウンセリングや心理療法に勝るとも劣らぬ癒しの業ができるようになるはずです。

先に述べた神の言葉及び牧会の射程の広さに関して、異論のある方もおられるでしょう。神の言葉には秩序があります。そこには、まず教会に、それから世に、という順序があります。しかしながら、聖書の証言が指し示していることは、神は万人がその声を聞きうるものとなるように[7]、特定の、しかも「貧弱な」[8]人々を選んだということです。わたしたちの選びは、世を目指しており、世のための存在となることを目指しています。そしてそれは可能なものとされています。ボトルのワインが飲めないのはトップの栓が抜けないからだ、などと言われないようにしたいものです。ともかく、ここでも「食わず嫌い」は良くありません。まずは読み進んでいただきたいと思います。

パストラル・カウンセリングとは

先に、神を「主語」にする方法について申し上げました。その方式でこの書物の基本原則を大づかみにするならば、次のような語りになります。（以下この方式に従って論を進めます。）

神は人間に語りかけ人間から応答を引き出すことで、人間と結びついてくださいます。人間に

（６）芸術には単なる人間の業以外の何かが加わるものです。牧会も知識や技術以上のものを含みます。そこでここでは牧会の「アート」と表現することにしました。
（７）創世記12・２―３、28・14b
（８）申命記７・６―８。

とってそれはその都度根本的《ラディカル》に新たにされる「変革」の体験です。それは言葉の本来の意味における「成長」であるとも言えます。(9) 説教と牧会は、この変革と成長に奉仕する働きです。ですから説教も牧会も対人援助や教育の側面を持つことになります。また、あらゆる対人援助も牧会の側面を持つことでエンパワメントされます。

牧会が人間の根本的《ラディカル》な変革や成長のための教育や援助であるという面から言わなければならない第一の要点は、牧会のスタンスがひとり牧師のためのものだけではなく、牧師以外の人、教会の奉仕にたずさわる信徒や学校の先生方にも大いに役立つであろうということです。またキリスト者に限らず、キリスト教主義の学校に勤める先生方、一般の学校の先生方、生徒指導や個別の支援に関わる先生方、養護教諭やスクールカウンセラー、さらには霊性《スピリチュアリティ》や宗教的背景を持つクライアントに対応しようとするセラピスト、その他にも福祉・医療・労働・行政など、何らかの対人援助を志す方々にも参考になるものがあるはずです。

現代の対人援助は、人間の自由な意志を前提にした近代啓蒙主義や合理主義を生んだヒューマニズムに基礎を置いています。しかし、この人間中心主義は人間を自由な意志として合理的に基礎づけることに成功していません。個人主義（エゴイズム）と集団主義（ファシズム）の葛藤という人間が投げ込まれている無間地獄に答えを見いだし得ていないのです。この問いへの答えのひとつとして、自分はキリスト教とは無縁だと考える方々にも、教育や心理臨床を捉える一つの視点として考えていただく材料を提供できるなら、これに優る喜びはありません。

わたしは神学生のころ水野誠先生からキリスト教教育を学びました。[10] 水野先生は、キリスト者であるということで集団リンチを受けるなど戦時中の体験をとおして教育を考えておられました。そして、集団の中でたとえ不適応であっても、あえて否を語る教育のあり方を、人間解放の教育と呼んでいます。個は集団との関わりを超えた神との関係の中で初めて確立する――つまり、自由な意志を持った人格となる――という考えがそこには息づいています。国家をはじめとする組織集団が過ちを犯した時、集団の圧力に与せずに正義を語ることができるかが、戦中・戦

（９）「成長」growth は、植物が発芽し成長する様から発生した言葉です。地の下にあって土くれや石粒と何の違いもないように見える種が芽をだし、驚くべき姿に変わっていきます。人間の創造はこれに例えることができます（創世記２・７―８、詩編139・13―18）。聖書的な意味での成長とは、何かが加わって大きくなっていくのではなく、また元々あったものが開花することでもなく、神と結びつけられることで異質なものに変革されること、神の子、神の息を宿す者とされることです。詳細は後述する贖罪と新生に関する項で説明します。第3章、第1節（２）「イエス・キリスト」の項を参照。

（10）水野誠著『明日を開くキリスト教教育』（新教出版社）

後を貫いて日本人と日本の文化に問われてきた課題、またなによりも日本のキリスト教会に問われてきた課題ではなかったでしょうか。[11]個の変革と人格の成長のための牧会がそれに先立つ課題であるとわたしは考えています。社会適応や自己実現を超えて、人間がまことの人間になるということはどういうことなのか。多方面の方々の議論の中にこの小さな書物を加えて頂けるならば幸いです。

牧会が人間の根本的《ラディカル》な変革や成長のための教育や援助であるという面から言わなければならない第二の要点は、牧会者に考えていただきたいことです。今日、成長を促す対人援助において心理学上の成果を無視するわけにはいきません。そこで現代の心理学を用いて行う奉仕として、牧会カウンセリングが提唱され実行されてきました。けれども、一般の心理カウンセリングが目指している目標は、欲求の充足や自己実現、社会への適応や人生の危機に際しての助けなどであって、牧会カウンセリングの目的とは違うはずです。単なる折衷は、神と人への忠実な奉仕を裏切ることになりかねません。心理学を導入することによって、人間主義的な価値観が混入し信仰理解がゆがめられたり、信仰でカモフラージュされたマインドコントロールがなされたりといった危険があります。牧会カウンセリングが、神が個人に語られることに奉仕することを目指すとすれば、あくまで心理学はそのためのツールに限定されるよう、細心の注意を払う必要があります。

とくに本書は認知行動療法の第三の波と言われるアクセプタンス＆コミットメント・セラピー、略してＡＣＴ（アクト）、を用いています。ＡＣＴは人間の言語行動に関する最新の理論、関係フレーム理論[12]（ＲＦＴ）から導き出された心理療法で、心理的柔軟性を高めることを目的とし、その効果と適応できる精神疾患の広さはＡＣＴをして急速に全世界に普及せしめています。さらにＡＣＴは、心理療法としてだけでなく、教育や福祉、宗教や哲学など様々な領域からも注目されるようになりました。キリスト教の牧会においても、ＡＣＴの理論と実践はもはや無視することはできないものです。ＡＣＴの目指す心理的柔軟性が、神の語りかけによる人間の変革・成長とどのように関係するのかが問われなければなりません。

---

(11)『第二次大戦下における日本基督教団の責任についての告白』を参照。

(12) 動物の行動は結果に基づき増減する作用（随伴性）に影響を受けるのに対して、人間は言語によっても影響を受けます（ルール支配行動）。関係フレーム理論（Relational Frame Theory）は、この人間に特有な言語行動をより徹底的に解明したものです。ニコラス・トールネケ著、山本淳一訳『関係フレーム理論（ＲＦＴ）をまなぶ 言語行動理論・ＡＣＴ入門』（星和書店）参照。

とはいえ説教にしても牧会にしても、神のみがなしうる人間の変革と成長に、人間のあまりにも舌足らずの言葉と到底及ばない働きを献げて奉仕する業でしかありません。どんな心理学でも、たとえＡＣＴがどんなにパワフルな心理療法であったとしても、神が選び、資格づけ、用いてくださされなければすべては虚しいのです。恐れとおののき、勇気と大胆さ、己の業への絶望と神の業への希望をもって、祈りつつ働くものでなければなりません。したがって、ＡＣＴもこのような祈りと労働の姿勢にふさわしいものでなければなりません。ＡＣＴが牧会者自身をどれだけ謙虚かつ大胆にすることができるツールであるかがここで問われることになります。

二つのチャレンジ

この本は、信仰を持たない皆さんに、信仰を前提にして語るというわたしのチャレンジです[13]。しかしこのチャレンジは、読者にとっても大きなチャレンジになるでしょう。場合によっては試練であったり躓きとなったりするかもしれません。どうか忍耐強くあってください。

勉強がゲームと違って苦しいのは、「無知な自分」というものに直面せざるを得ないからです。理解できないということが壁のように立ちふさがります。けれどもその壁をたたき続けるなら、

いつか突破できます。サクサクと分かるなどという学びはありません。「分からない」という苦

（13）カール・バルトは『知解を求める信仰・アンセルムスの神の存在の証明』（新教出版社）のＩ「神学的なプログラム」の五「神学の目標（証明）」において、信仰者は非信仰者に対して、認識において立ち優った地点にいるのではなく、「知らない」ということにおいて同じ地点にいると語り、信仰者が知解へと至る道筋以外のものを提供することによっては、非信仰者を知解へと導くことはできないとして、既知のものを知識の前提とする人間的認識論（弁証論）を完全に放棄するように勧告しています。

　このこととの関連で、信仰を持たない援助者がパストラル・カウンセリングを行うことができるかという問題について述べておきたいと思います。結論を言えば、できるということです。なぜか？　その理由は、「わたしにもできるのだから」ということです。預言者にせよ使徒にせよ神の言葉の証人たちは、みな自分について証人としてふさわしくないという感覚を持っていましたし、人間的な特性を見れば事実ふさわしいとは言えない人々でした。誰が自分はふさわしいと言えるでしょうか。バルトが言うように、そしてそれ以前の聖書の証人たちが言うように、信仰の真理の認識は人間業によらないとすれば、だれも自力でこれに到達しうる者はいません。また逆に、その認識が神の業によるとすれば、それは、誰にでも手にすることのできるものとなるでしょう。キリスト教の資源は一般の方々がどんどん活用しても良い資源として開かれているべきなのです。まことの癒しが神との和解であるということから帰結するのは、パストラル・カウンセリングは他のあらゆる心理療法、心理カウンセリングのモデルにさえなるということです。神が石に語らせることができるとすれば、誰もがパストラル・カウンセリングの提供者となることができるのです。「言っておくが、もしこの人たちが黙れば、石が叫びだす」（ルカ19・40）。

しい状況が、「知りたい」を生み出すのですから、学び手の条件は、「無知な自分」をどこまでも抱え続ける勇気があるかどうかということになります。無知であることをバカにしない学者こそ真の学者です。

とはいえ学びはキャッチボールです。決して放りっぱなしにはしません。以下に、皆さんにとってチャレンジとなるであろう勘所を記しますので、どうか道標とされますように。

第2章は、信仰の必要性について、人間のニーズからは語っていません。神が人間に語り聞かせるという神の行動の事実から始めます。人間の側の根拠からスタートしないというこの思考方法は、おそらく最初の躓きにして最後まで残る躓きです。これが乗り越えられるかどうかは神があなたに聞かしめるかどうかにかかっています。どうか神があなたに語りかけ、信仰の知解を与えてくださいますように。

第3章は、信仰に基づく対人援助の性格について説明しています。この章ではキリスト教信仰について最低限の理解を得る必要があるため相当のページを費やしました。その基本的理解なしには、パストラル・カウンセリングの性格を捉えることができないからです。

神の主体的な業が一切の神人協力を排除するにもかかわらず、そこに用いられる人間の業のあり方を、聖書とキリスト教の歴史の中で説明しています。さらにそこから、今日新たに現代心理学（とくにACT）を道具として援用しようとするならば、何が利用でき、何が利用できないかを明確にしていきます。

とくに、第1節のキリスト教の信仰の特徴と、第2節のキリスト教の奉仕の自己否定的あり方については、ページ数を多く取っていますが、ここでしっかりとキリスト教信仰の特徴をつかんでいただきたいと願います。分からなくなったときには、わかるところまで戻って、読み返してください。分かった！　という喜びは格別です。

これら第2章と第3章は、牧会の専門家にとっては釈迦に説法かもしれません。とくに、わたくしなどよりももっと深く掘り下げ見識を広げていらっしゃる神学の専門家にとってはなおさらでしょう。そういう方はこの部分を飛ばして読んでくださっても結構です。

けれども同じ信仰者とはいえ、考え方は一枚岩ではありません。もしかしたら相違と対話の中から引き出すことのできるものがあるかもしれません。キリスト教の分断と混乱の歴史の中で、それでもわたしたちは、聖霊によって結び合わされるその時々の出来事の中に「ひとつの…公同の…教会」[14]を維持することをゆるされ、分裂の痛みを抱えながらも、これを共に告白し目指すことがゆるされています。その恵はわたしたちの互いの相違の中で、なお倦まず弛まず対話を続ける行為を生み出し続けることでしょう。その意味で、第2章と第3章のわたしの拙い信仰理解の披瀝を忍耐してお読みいただけるなら幸いです。

第4章から最後の第8章まででは、ACTの説明と、それが神の業に用いられるのかどうかの検証を、わたしの力の及ぶ限り細心の注意を払って行ったつもりです。神学が哲学との対話の中で自己を明確にしてきたように、ACTという科学の知見との関連で信仰生活を再吟味することは実り多いと考えます。これをしっかりと身につけるならば、教会の癒しの力は飛躍的に向上するでしょう。

第4章では、信仰にとってACTがどのように貢献しうるかの全体像が描かれます。ここでは、心理学の単なる折衷ではない、統合のポイントが明確にされています。

第5章では、苦痛の回避が苦痛を生み出すというパラドックスを説明しました。この数一〇年の間に、現代人のストレス回避傾向は間違いなく文化の中に定着しつつありますが、キリスト者の生活もこれに影響され、苦痛なき平安が信仰から与えられるべきであるというような風潮が強まっていることに懸念を感じます。ＡＣＴは世俗の「良い気分主義」[15]へのチャレンジであり、それはキリスト者の苦痛に対する見方、あり方を本来のものに立て直す実践的なツールにもなるでしょう。

第６章では、上記に関連して、苦痛をそのままにしておくＡＣＴの二つの方法――アクセプタンスと脱フュージョン――の説明をします。主にゆだね主を待ち望む信仰と祈りの深化ために、これらが実際に使えるツールであることがお分かりいただけると思います。

第７章は、「今ここにいる自己」の説明をします。特に「俯瞰する自己」[16]は人格（ペルソナ）の

(14)『ニケア信条』参照。
(15) ＡＣＴの提唱者の一人、スティーブン・ヘイズの言葉。
(16) 後述のように、この部分はＡＣＴでは、「文脈としての自己」や「観察する自己」と呼ばれている部分です。わたしはこの両者をイメージできる語として「俯瞰する自己」を考えてみました。

原点であり心理的健康には不可欠なものです。この「俯瞰する自己」は、霊的な識別の道具として、内心の声を俯瞰する視点を与えてくれるでしょう。

第8章は、ACTにとっての「価値」とそれに基づく具体的な行動の促し方を説明します。終末までの暫定的倫理、また原則に基づくのではなく神の現在性に基づき今この瞬間にコミットする状況の倫理、そしてキリスト者の行動の創造性のために、ACTの価値とコミットメントは、極めて具体的な指針を与えることができます。

以上の第6章、第7章、第8章で紹介する諸スキルは、キリスト者の祈りと行動を劇的にサポートするツールとなりうる予感をわたしは抱いています。ここで期待できる力強さは、謙虚さなしには得られないものであり、両者の共存もまた可能になるところだと思います。

三つのお願い

この書物を読むにあたって、実践していただきたいお願いが三つあります。第一は、聖書の引用にはできるだけ当たっていただきたいということです。聖書の文脈なしにはそこにある真意が十分理解できないからです。第二は、書かれてあることを頭で理解するだけではなく、自分の体験を通して検証してほしいということです。言葉のみでの理解だけでは、実生活に通用する柔軟な知恵とはならないばかりか、逆に守るべき原理原則としてその適用が現実から遊離し、かえって問題となることがあるからです。第三に、援助者としてこの書物から何かを得ようとする場合、ＡＣＴを自分に当てはめて自己成長を図っていただきたいということです。カウンセリング場面では、後述する六つのコア・プロセスをクライアントに当てはめるだけではなく、自分自身にもあてはめることでより効果的になるからです。

それではさっそく新しいチャレンジ、パストラル・カウンセリングの門をくぐって進んでまいりましょう。

第2章　なぜ信仰が必要なのか

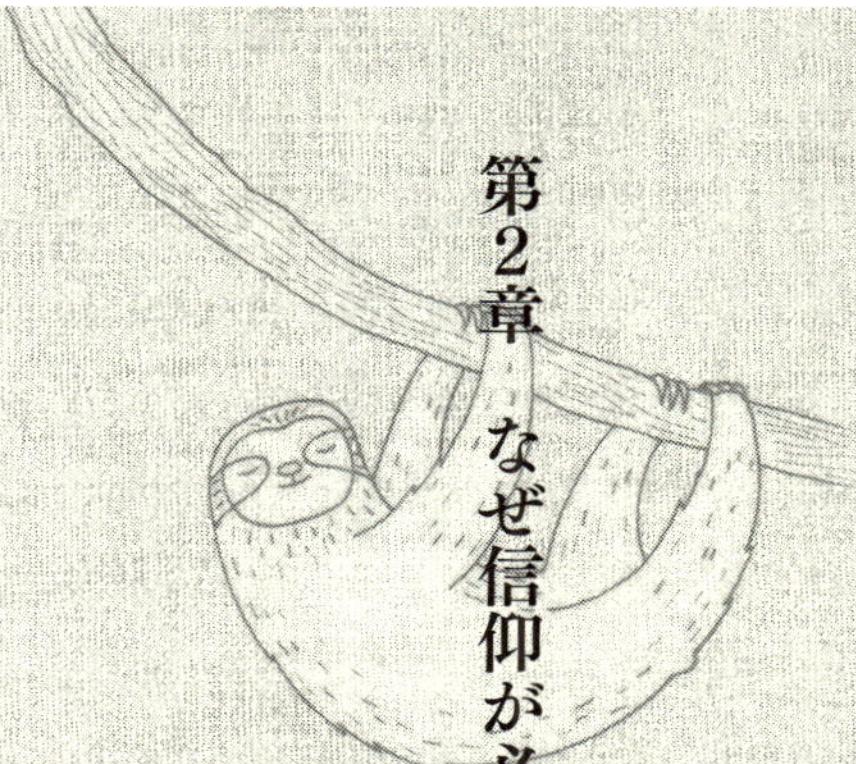

なぜ信仰を前提としたパストラル・カウンセリングなのでしょうか。人間の変革や成長のための心理療法や教育法なら他にいくらでもあります。キリスト教信者ならまだしも、それ以外の方々の対人援助にも有用だと言うからには、信仰になにがあるからなのでしょうか。

まず申し上げておかなければならないことは、人間のニーズの中に信仰はないということです。自己実現欲求の中に信仰はありません。信仰は人間がそれを必要とするからそこにあるのではありません。信仰は、「人の心に思い浮かびもしなかったこと」（Ⅰコリント2・9）としてそこにあるのです。ですから信仰が必要な理由を、この世界の中に捜すことはナンセンスです。それは神の中にしかないのです。それはあたかも登山のようなものです。山を登り頂に身をおかなければその魅力がわからないのに似ています。ですからわたしたちは、信仰がそこにあるという事実からはじめるしかありません。信じようと決断するときに、なぜ信仰が必要なのかが見えてくるのです。

第1節　信仰への疑い

信仰は人類が未開だった時代のもので、理性が発達すれば信仰は不要になる、という考えは珍しいものではありません。啓蒙主義の時代から、信仰は道徳的な人間を育てることには役立つが、知的に成長すればやがて不要になると考えられるようになりました。

たとえば、18世紀に活躍したインマヌエル・カントは、大人（啓蒙された人間）になるとは他人まかせにするのではなく、自分の理性で考えることだと言い、善とは何か、幸福とは何かという問いについて、宗教家にまかせるのではなく、自分の頭で考える時代の到来を期待していました。[17]

その少し後の哲学者フリードリヒ・ヘーゲルは、ものごとを見た目（表象）で一面的に捉える信仰よりも、概念で説明する哲学の方が優れているとし、「あるものを否定して新しいものが生まれる」という流れ（弁証法）で全てのものが説明できるようになると考えました。[18]この哲学の基本姿勢は紀元前のギリシア哲学にさかのぼります。プラトンは、世が乱れ人々が苦しむのは「あるべき姿」を見失ったからで、憶測による信仰ではなく、ものごとを「あるべき姿」から見極めていく哲学によって人々を教育すれば良い国家を作っていけると考えました。表面には見えてこないあるべき姿が、ヘーゲルの場合は弁証法だったわけです。

---

(17) カント著『啓蒙とは何か』（岩波文庫）。御子柴善之著『自分で考える勇気　カント哲学入門』（岩波ジュニア新書）。

(18) 竹田青嗣・西研著『超解読！　はじめてのヘーゲル『精神現象学』』（講談社現代新書）。

あいまいなものを、一歩一歩積み木を積み上げるように確実なものにしていこうとする知性に信頼する代表者の一人に17世紀のルネ・デカルトがいます。デカルトは、絶対に存在が疑えないものから出発しようとし、それは自分の精神であると考えました。有名な「我思う故に我有り」です。

そこから、精神としての主体が物質としての客体の中にある法則を解明すれば、それをコントロールできるという考えが生まれました。この考えが近代の科学（実証主義）に受け継がれていきます。実証主義は、「検証」できるものだけが意味があるという考えに基づき、事実から出発して法則を仮定し（帰納）、その仮説からさらに事実を推論し確かめる（演繹《えんえき》）ことで、確実なコントロールを手にしようとする営みです。実証科学は「検証」できない存在を否定してはいませんが、いつのまにかすべてが検証できるとする（その意味では迷信的な）科学万能主義に陥っているというのが現代の状況ではないでしょうか。

人間の理性に信頼し、確実なものを手にしていこうとする姿勢は、多くの利益をもたらしましたが、さて本当に人間の問題は理性で解決するでしょうか。「石橋をたたいて渡る」ということわざがありますが、本当にこのような理性に基づく行為だけで人間の生活は健全に成り立っていくものでしょうか。

第2節　理性の限界としての人格

こんなジョークがあります。「わたしはかつて、脳がいちばん重要な臓器だと思っていました。どの臓器がそう伝えてきているかに気がつくまでは。」頭（理性）でよく考えることで自分の生活や世界が良いものになっていくという考えは実は怪しいものです。

以下の質問について考えてみましょう。世界とその中にあるものについてそれらが良いものだと証明できるだろうか？　人生や世界の未来が明るいとする間違いのない理由をあげることができるだろうか？　他人や生命を大切にすべき理由を、論理的に説明できるだろうか？　人生は生きるに価すると見極めることはできるだろうか？　生きる意味を科学的に見つけ出すことはできるだろうか？　科学や理性だけでこれらの問い全てに“Yes”と答えることは可能でしょうか。そしてわたしたちは常にこれらの問に答えを出そうとして、懸命に生きているのではないでしょうか。

ペルソナ

人生はわたしたちに、世界や他人や自己自身について、たえず"Yes／No"の態度決定を迫ってきます。わたしたちが今を生きているのは、これらの問いに対して、たえず"Yes"と言っているからにほかなりません。たとえとりあえずのものであったとしても。[19]

この態度決定をしているのは、わたしの理性ではありません。それができるのは意志の仕事です。よく「自分がある」という言い方をします。「自己意識」とか「主体性」などと言われたりもしますが、[20]この自分、自己意識、主体性は、理性とは別物です。理性は状況を分析し態度決定の材料を提供してくれますが、最終的に決めるのは自分の意志なのです。[21]

人間には意志があり、理屈（理性や知性）ではなくこの意志によって、他者を尊重し、世界を大切にし、そして自己を肯定して生きていこうとします。そのような意志ある存在としての人間について、そしてそのような者同士の関係について、ここで少し考えてみましょう。

意志ある人間のことを「人格」と言います。この言葉は"person"の翻訳でもともと日本語にはなかった言葉です。この〝person〟はギリシア語の「ペルソナ」から来ていて、本来の意味は「仮面」のことです。わたしたちは状況に応じてどういう顔をするのか決めなければなりません。背後にある自己がどういう仮面をかぶるのかを意志によって決めているのです。つまり態度決定の

(19) ここでは、世界や人間や人生に積極的な意味を見出すことを前提にしています。このいわば善意の前提は、論理的には成り立たないものです。実はここですでに、先に述べた信仰の事実の中に身を置いた時に見えてくる前提からものを言っていることがお分かりでしょうか。

(20) 人間に自己意識や意志が実際にあるのかどうかは意見が分かれているところです。脳科学者の中には、それがあると考えているのは幻想で実際には存在しないという立場を取る人もいます。けれどもすべての現象を因果関係で説明できるという考えは少々乱暴です。研究によれば、意志の存在を示唆する実験結果もあるようです。ベンジャミン・リベット著、下條信輔訳『マインド・タイム――脳と意識の時間』(岩波書店)。

(21) 肯定的な態度決定を迫るものが理性でなければ、それは感情だとする考えもあります。感情を意味する〝emotion〟の語源は、行動を起こさせる動因と言う意味です。そう考える人々も少なくないでしょう。何かの感動が決断をさせるというわけです。けれども、キリスト教信仰は――確かに感情を伴うことも少なくありませんが――決して感情に基づくものではありません。感情は移ろいやすく、そのようなものに大切な決断をまかせるならば、行動は衝動的にころころ変わってしまうことになり、また容易に他人に操作されてしまうでしょう。

奥まったところには一貫した自己意識があるということです。こういう人間のあり方が「人格」と呼ばれるものです。

人間関係、つまり人格同士の関係は、「わたしとあなた」の関係です（これを二人称的な関係と言います）。「わたしとそれ」という物との関係（三人称的な関係）ではありません。[22] 人間同士の関係では相手を物のように扱うことはできません。[23]

人格的な関係は二人称的関係です。相手を見るとき、相手もこちらを見ていることを意識している関係です。それは、態度決定する主体が、相手も態度決定する主体であるとして無条件に尊重することです。そして相手は物のように理解したり把握したりすることのできないいつも未知な部分を持った神秘の存在です。だから怖くもあり魅力的でもあるのです。

人間はこの二人称的関係を他の生物や非生物に対しても持つことをします。これは自然や文化的な事物に対する宗教的な情操にとって大切なことであり、また子どもの健全な発達にも重要な働きです。たとえば物を大切にする針供養などの儀式や自然崇拝は人間の二人称的な心のあたたかさからくるものでしょう。一概に「偶像だ」と裁くことには慎重でありたいものです。幼稚園の先生がカバンを放りっぱなしにしている子どもに向かって「カバンさんかわいそう」と言うのも相手の身になって考えることを教えようとしている姿であると言えます。

また自分自身に対しても二人称的な関係は重要です。自分はこういう人間だと決めつけると、周囲の状況に柔軟に対応できなくなることがあります。それは自分を対象化してしまって、未知な可能性に目が向かないときに起こるのです。思い込みにとらわれず、自分をあたたかく俯瞰する眼差しが、心の健康には必要です。

わたしたちはお互いを、他人の踏み込むことのできない意志としての存在として、そのかけがえのなさに畏敬の念を抱きつつ接し遇するということは、何でも知りつくそうとする理性的・科学的なかかわりではできないことです。無条件に尊重しようとする意志の決断がなければなりません。

(22) マルティン・ブーバー『我と汝・対話』(岩波文庫)。佐伯胖、他著『子どもを「人間としてみる」ということ――子どもとともにある保育の原点』(ミネルヴァ書房)。

(23) 人間と関わるのに非人格的な関係を要する場合があります。職業柄、人間を科学的対象として観察し、評価し、コントロールしなければならない医師や心理士などはその具体例です。けれどもこういう仕事をする人たちは、厳しい資格認定と高度な倫理性が求められます。ほかの人以上に二人称的関係を意識していなければならないからです。

第3節　人格的な関係を支えるものとしての信仰

宗教はこうした人格的な人間性と関係しているように思われます。先に述べたように、他者や世界や自己を「良いもの」として大切にする理由は、知識によって到達することはできないものです。それは意志による態度決定、つまり「信じる」しかないものだということです。しかし人間の意志は弱いというのも事実です。戦争、差別、自殺、飢餓、災害、犯罪など人生や命の尊さを否定する世界の中で、人間が人格であることを破壊し、人格的な二人称関係を他者や世界や自己との間に持とうとすることを破壊してしまう現実があるのです。それでも、人生を信じ、人間を信じ、世界の未来を信じることはできるものなのでしょうか[24]。できるとすれば、どのようにしてでしょうか。そこに宗教が大切な働きをしていると思われます[25]。

わたしは諸宗教について多くを知りませんので、ここでは世界に対する人間の肯定的な態度決定を基礎づけるものとして、代表的な三つの宗教の一面に言及するにとどめたいと思います。仏教の瞑想は、苦しみにとらわれない心を作ることで、世界や人々と自己が一つであるとの悟りに至ることを目指します。ヒンドゥー教のカースト制はとかく批判の対象とされていますが、そこには人々を生かす力もあり、輪廻転生を繰り返すことで高いカーストに上るという教理のもとで、過去の結果である現在のカーストを現生のテーマとして積極的に生きることを人々に教えるものです。イスラーム教はユダヤ教やキリスト教と、唯一神、預言者、聖書、神の摂理、復活と最後の審判を信じるという点で、信仰の基本的な枠組みを共通に持ち、信仰告白、礼拝、断食、喜捨、巡礼という五つの行動が信仰の表現とされています。イエス・キリストを預言者と信じ、ムハンマドによって伝えられ、原罪の教理を持たず人間の本性をおおらかに肯定し、神の叡智によって責任ある主体としてイスラーム（神に委ねることによって得られる平和）に至る万人救済を目

(24) ここではすでに、世界、他者、自己に対する肯定的態度決定が自明のこととされていることに注意してください。これが自明であるのは、信仰においてであり、人間のいかなる経験からも結論づけることのできないものです。この章の冒頭で述べたように、信仰という事実の中に身を置いた時にはじめて自明のこととなるのです。もっと言えば、諸宗教の存在意義をさえ、聖書の信仰は基礎づけているといえるかもしれません。

(25) 人間の理性や意志、あるいは直感や感情など、人間の能力に限界があるということから、直ちに、だから信仰が必要だ、ということにはならないでしょう。ここにも実は、人間の経験から要請されるものとしての信仰ではなく、すでに事実として存在してしまっている信仰からの要請として肯定的な人格関係が求められているのです。

指しています。このように諸宗教には世界や人間に対して肯定的に態度決定する意志の働きを促す試みとして（それが成功しているかどうかは別として）、人類の文化の中で機能していると言えるのではないでしょうか。[26]

ではキリスト教はどうでしょうか。聖書はその初めから終わりに至るまで世界と人間に対する神の「然り」で貫かれていると言ってよいでしょう。[27] 教会はこの神による世界肯定の意志に、自ら呼応する形で「アーメン」を唱え続けてきました。[28] つまり、神の一次的な世界肯定に基づいて人間の二次的世界肯定が生まれてくるのです。わたしたち人間が、自らの意志の弱さにもかかわらず、世界と人生に対する無条件の肯定的な構えを持つことができるのは、その大元に、神を信じる信仰がゆるぎない形で個人の心の中に確立されているからなのです。

初期のキリスト教徒は、神を信じることが、他の諸々の事物や人々を信じることとは区別された特別の意志決定であることを知っていました。その特別の信頼の表現は“Credo in Deum”というラテン語に現れています。[29] 英語で言えば“I believe in God”となります。文法上は“Credo Deum”（“I believe God”）で事足りるのですが、初期の教会はこの「信じる」は特別の「信じる」だからということで、“in”という前置詞をつけました。[30] つまり自己や他者や世界を未知の神秘を宿す相手として人格的に関わろうとの決意は、神の下支えを信じること――“Credo in Deum”――の中ではじめて可能になる。自分が神を信じるというこの決意でさえ、それに先立つ神の決意と取り仕切りの中で起こり守られ導かれていると信じる。これがキリスト教的な意味での「信仰」なのです。

この特別な信仰は誰を信じることなのでしょうか。もちろん聖書の神ですが、その神とはどのようなお方なのでしょうか。ヘレニズムの世界観の中にあった古代の教会は、聖書の神を、当時のギリシア的な思考様式に従い大変な苦労をして、三位一体《さんいいったい》(31)の神と表現しました。父、子、聖霊

---

(26) 宗教の機能的定義については、J・M・インガー著、金井新二訳『宗教社会学Ⅱ～宗教社会学の方法』（ヨルダン社）。

(27) 創世記1章の天地創造物語において七たび繰り返される「神はこれを見て、良しとされた」にはじまり、聖書は、人間のあらゆる罪にもかかわらず、それを克服する神の世界に対する肯定的な宣言で埋め尽くされています。

(28) 「アーメン」は、「然り」「真実に」など同意を意味する言葉です。

(29) キリスト教の代表的な信条である『使徒信条』では、“Credo in Deum…in Iesum Chreistum…. Credo in Spiritum Sanctum…”（我は……神を信ず。我は……イエス・キリストを信ず……。我は聖霊を信ず。）と“in”を付して神への信仰が告白されています。

(30) 新約聖書でパウロは、エンクリストーを重要な用語として用いていますが、神を（もしくはキリストを）信じると言う意味でピステユオーと結びついたエンは見られないようです。

(31) 日本のキリスト教会はギリシア語のΑγία Τριάδα、ラテン語のtrinitas、英語のtrinityの訳語として、神

なるただ一人の神、つまり三つの位格を持ちつつも本質は一つである三位一体の神です。三つであるのに一つであるなどということは、人間の論理的思考ではとても把握できるものではありませんが、この掴めないことをなんとか掴もうとした努力の表れが三位一体論なのです。これは神の中にある愛の満ちあふれの表現であり、このあふれ出た愛が世界を造り、愛し、導く神の業として、それぞれ全能の創造主、イエス・キリスト、聖霊の業であると整理理解されてきました。この教説の意味については第3章でさらに、いくらか詳しく触れます。この三位一体の神を信じる信仰が賜物として与えられているからこそ、世界の悪や人間の罪にもかかわらず、人生を信じ、人間を信じ、世界の未来を信じることができるのです。

第4節　キリスト教の信仰とは？

世界に「然り」を語る意志、人生に“Yes”を言う人格であるために、その大元に三位一体の神を信じる信仰が必要になるとキリスト教は教えます。この根源的な信頼があって、はじめて世界を肯定できるというわけです。けれども目に見えない神を信じることは、目に見える世界の未来や、人間というものの良さ、あるいは自分の人生の祝福を信じるよりも難しいことではないでしょうか。このより困難な神への信仰を、揺るぎないものとして確立するのには、どのような道筋があるというのでしょうか。

はっきりしていることは、信仰は人間が自分の力で持つことができるものではないということです。なぜなら第一に、信仰は理性の探求によって得られた知識や理解ではありません。むしろ信仰は意志による態度決定に属する事柄です。けれども人間の意志は決して強いものではありません。ですから第二に、意志による態度決定だけでは信仰を維持することは十分ではありません。理性でもない、意志でも十分でないとすれば、何によって信仰を得それを維持することができるのでしょうか。

信仰が人間の意志による態度決定であることに変わりはありません。けれどもそこで信じられていることは、その態度決定すら神によってもたらされたものであるということです。つまり、神が信じられるようにしてくださったということです。信仰は、それを持つことが出来るように神がご自身を現わしてくださる決意によって、与えられるものなのです。これを教会は「啓示」と呼びならわしてきました。

道月語の三《さん》位《み》一体《いったい》を、「さんいいったい」と読ませて援用しています。

わたしたちが神を信じることができるように、神がご自分をわたしたちに現わしてくださった啓示の出来事とは、イスラエルの歴史でありイエス・キリストの出来事です。この啓示の出来事が、旧新約聖書を通してわたしたちの前に開示されるとき、わたしたちは態度決定を迫られます。「あなたはこれを信じるか？」（ヨハネ9・35、11・26）と。そして、わたしたちが「はい、信じます。」と答えることができるとすれば、確かに自分の意志による決断であることに間違いはないのですが、それでもその決断は、この者に信仰を与えようという神ご自身の決断をまつよりほかないものなのです（ヨハネ3・27）。これがこの本で神を主語（主体）とせざるを得ない理由です。聖書との出会いを与えてくださった神、イスラエルとイエスの歴史として現れてくださった神、そしてわたしたちの中に信仰の決断を与えてくださった神、この神は三つにしてただ一人の神です。

歴史の事実、それが書きとめられた聖書、そしてそれを自分たちに向けられた神の言葉として受け止め語る教会の言葉――この三つのプロセスを経て、生ける神の啓示が、このわたしという人間を尋ね求め、出会って来ます。この出会いは、きわめて人格的な出会いです。つまり、こちらが丁度観察対象がそこにあるように客観的に眺めていることのできる出会いではなく、相手がこちらの応答を求めている出会い、主体が相手を主体となしつつ出会ってくる出会いです。

第5節　神によって呼び出された人格としての人間

神は先に述べた啓示というやり方で、人格として、つまり主体であり意志である者として人間に呼びかけます。このとき人間は、人格として、つまり主体であり意志である者として、応答するように呼びかけられているのです。神は人間を人格化するのです。モノ化はしません。ここに神が人間をご自分の言いなりになるようなロボットとしてお作りになったのではないことの秘密があります。人間は自由な応答をすべきものとして造られているのです。この呼びかけに応えるときに、人間は世界と自他を肯定する、つまり人格的な相手とすることができるのです。

けれどもなぜか人間はこの呼びかけを拒否してしまいます。自ら人格であることを否定してしまうのです。これがキリスト教で言う「罪」です。けれども神は人間から人格的な自由を持つものであることを取り去ることをなさいません。よく「神が全能というならどうして罪を犯せないように人間を造らなかったのか」と問う人がいます。それに対する答えは、神は人間を意志のないロボットとしておつくりになったのではないということ。それほどまでに人間を尊重されるのです。罪を犯してもなお人格として扱い呼びかけられるのです。この呼びかけに答えるときに、人間は自らの人格性を回復することになります。

第2節のところで「人生はわたしたちに、世界や他人や自己自身について、たえず“Yes／No”の態度決定を迫ってきます。」と言ったのを覚えていますか。実はこれは正確な言い方ではありませんでした。実は、この態度決定を迫っているのは神なのです。わたしたち人生そのものの中には、態度決定を迫られなければならないものなどありません。わたしたちが体験している現実は、人生に“Yes”と言わないことも、“No”と断定することもありうるのです。この、人間が自己破滅的になりうるという体験の前に、諸宗教の試みも事実上破綻しています。けれども神の中には“Yes”と言わせるものがあります。神はわたしたちに向き合い、応えを求めておられます。この人格的な神が肯定的な顔（ペルソナ）を向ける決断をなしその決断を維持してくださっている限り、わたしたち人間も肯定的な人格であることができるのです。

まとめ

人間は理性によって信仰を否定しようとしますが、その理性によっては、世界を肯定する人格であることはできません。かといって自分の意志だけでそうなることもできません。わたしたちを人格として創造した神が、イエス・キリストとして自ら歴史の一部となり、その預言と証言である聖書を通し、それを宣教する教会の業を用いて人間に呼びかけ、自らの力でなし得ないことをさせてくださった聖霊によって、信仰が呼び起され、自らの意志で、世界に、他者に、自己に、その罪と悪の事実にもかかわらず、それでも"Yes"〝然り〟を語ることができるようにしてくださったのです。人間は肯定的な人格であるためには、どうしても信仰を必要とするのです。キリスト教では本来の人間性を肯定的な人格ととらえ、信仰を介して神と結びつけられることで、このような人格へと変革されていくと考えます。あらゆる対人援助においても、本来的な人間の成長を求めこれに奉仕すべきであるとするならば、肯定的人格へと呼び出す神への信仰が考慮されて然るべきではないでしょうか。

第3章　信仰の出来事への奉仕[32]のあり方

神が呼びかけ、人間が応答する。これが神と人間とが結びつくこと、つまり人間が信仰を持つということです。そしてその信仰の中に身をおくときに、人間は肯定的な人格を持つ者となります。ではこの信仰の出来事は、具体的に、どのような仕方で起こるのでしょうか。第一に言わなければならないことは、この出来事は礼拝の中で起こる、ということです。礼拝は神が招きの呼びかけをなし人間が応えることで信仰が与えられる枠組みであり方法なのです。この中心にあるのが説教と聖餐です。説教は、人間の言葉を神が用いて、共にいてくださることを示す出来事であり、聖餐は、パンとぶどう酒という物質を用いて、神が身体的に共にいてくださることを示す出来事です。これらは人間の業ですが、それに先んじて神が行動しそれを用いてくださるという約束への信頼の中で行われます。礼拝はキリスト者の生活の中心ですが、これについての議論は礼拝学や説教学という分野に任せることとし、ここでは扱いません。

今わたしたちが取り組もうとしているのは、神が語り人間が応えるという信仰の出来事に、礼拝という第一の場以外の日常的な出会いの場（第二の場）で（「時が良くても悪くても」（IIテモテ4・2））奉仕すること、つまり牧会です。この個別の人と人との関わりの中で、神は人間の業をどのように用いてくださるのでしょうか。この神の業にふさわしい奉仕であるために、人間はどのような努力をするべきなのでしょうか。これがこの章の目指すところです。

先にも述べたように、今日、人間の関わりを語るについては現代心理学の成果を無視することはできません。この成果を神に用いていただくのだとすれば、わたしたちはどのような活用の仕方に留意するべきなのでしょうか。この問いに取り組むにあたって、はじめにキリスト教の信仰の重要な特徴について、(33) ついでその特徴からくる人間の努力に求められる方向性について、さらに心理療法のどのような特徴がその奉仕に用いられるべきなのかについて考えてみましょう。

(32) 奉仕といえば一般には報酬なしの労働のことを言いボランティアとほぼ同義語として用いられる言葉で、国家や社会あるいは宗教団体での活動を指しますが、元来は奴隷の仕事を指す聖書に起源を有する言葉（δουλευω）です。奴隷が主人に使えるという意味から、神に仕える、もしくは教会の仕事を指すようになり、さらに社会や人々に仕えることを意味するようになりました。英語では「ミニストリー」(ministry) で大臣が司る行政職を指す言葉としてよく耳にする言葉ですが、元来は牧師の仕事のことで、公務を意味するようになったのは遅く18世紀になってからのことです。

(33) キリスト教の重要な特徴についてここで述べることは、心理療法を適用するにあたって留意すべき点を考察するためのもので、大ざっぱに過ぎる感があることでしょう。ある程度しっかりした内容の理解は、聖書神学や教義学の諸成果から得る事もできますが、なによりも聖書と説教によってその生き生きとした内実に触れることに優るものはありません。

第1節　キリスト教信仰の大切な特徴

キリスト教信仰の大切な特徴は、聖書の神がいかなる方であるかということから流れ出てくる事柄です。まずはイスラエルの歴史物語である旧約聖書に表されている神について、次に新約聖書のイエス・キリストと初期の教会の歩みについて、その後ヘレニズム世界で紡ぎ出された三位一体の教理、そして宗教改革が再発見した神について、聖書と歴史を概観する中で、神がどのような方として言い表されてきたかを見ていきましょう。

(1) イスラエルの歴史

旧約聖書は天地創造にはじまる世界の原初の歴史物語にはじまり、イスラエルの歴史を背景とした律法、文学、預言書からなる神による世界救済を目指す文書です。一人の神を信仰することで一つとなった十二の部族連合体において、その成立時の契約を核として様々の文書が追加され拡大していったものであると考えられています。中でもエジプトからの逃亡奴隷たちが担ったモーセの出エジプト物語は、イスラエルの最も重要な原体験として重視されてきました。

出エジプト記の前半部分に書かれているこの物語は、エジプト奴隷として酷使されていたイスラエルを、神がモーセを用いて救出し約束の地カナンへと導くという内容です。そのクライマックスで、紅海を前にして立ち往生しエジプト軍に追い詰められたイスラエルを、神は海の水を分ける奇跡を行なって救出しました。襲いかかる軍隊を前に恐怖の叫びを上げる無防備の逃亡奴隷たちに向かって、モーセは次のように言いました。「落ち着いて、今日、あなたたちのために行われる主の救いを見なさい。……主があなたたちのために戦われる。あなたたちは静かにしていなさい。」（出エジプト記14章13節～14節）

「主が戦われる。」この主張は、一般に言われている聖戦思想と違って、「人間は戦ってはならない」という禁止命令と結びついています。つまり非暴力・不服従のまま戦争に勝利するという思想なのです。こうした考え方は、例えば詩編46章11節の「力を捨てよ、知れ　わたしは神」といった言葉のように、旧約聖書にはあまた現れてきます。

バビロン捕囚も類似したイスラエルの体験であると言えます。紀元前587年頃にユダ王国はバビロニア帝国によって滅ぼされました。この時期に多くの文書が収集され、旧約聖書はさらなる進展を遂げます。「無からの創造」で知られる創世記１章の天地創造物語もそのとき加えられた伝承句のひとつです。「初めに、神は天地を創造された。地は混沌であって、闇が深淵の面にあり、神の霊が水の面を動いていた」（創世記1章1節〜2節）。ここで「混沌」や「闇」と表現されている言葉は、バビロン捕囚の暗い時代を象徴しています。ここから「光」を皮切りに次々と世界を創造する神は、ほかからの一切の協力なしに単独でことを進めます。つまりバビロン捕囚からの解放も、いかなる神人協力説も排除して神単独で行われるという思想が表されているわけです。そしてユダヤ人は実際にこのことを体験したのでした。紀元前537年、ペルシャ帝国の興隆によってエルサレムへの帰還を許され神殿の再建が開始しました。「無からの創造」とは真空からの宇宙の始まりという物理的な創造論ではなく、歴史的苦難からの解放が、世界のいかなるものにもよらず、ただ神ご自身の手で成し遂げられるという信仰の告白なのです。

これはいわば神の全能の支配ということですが、それぱかりではなく救われる側にとっても力強い励ましの源であり、新しく立ち上がる勇気と決意を呼び起こす主張でもあります。なぜならここには、たとえ全世界が自分たち弱き者を否定しても、自分たちの弱さや愚かさ自体が自分たちを否定しても、神はわれらを肯定してくださるという主張が秘められているからです。このことについて、申命記では次のように語られています。

……あなたの神、主は地の面にいるすべての民の中からあなたを選び、御自分の宝の民とされた。主が心引かれてあなたたちを選ばれたのは、あなたたちが他のどの民よりも数が多かったからではない。あなたたちは他のどの民よりも貧弱であった。ただ、あなたに対する主の愛のゆえに、……主は力ある御手をもってあなたたちを導き出し、エジプトの王、ファラオが支配する奴隷の家から救い出されたのである。（申命記７章６節〜８節）

全世界が自分を否定し、自分自身もそれを認めざるを得ないときでも、神による肯定が信じられました。「無からの創造」は、イスラエルの個人にとっても救いであり、「無価値な者からの創造」でもあるのです。

このように旧約聖書の神は、いかなる被造物からも独立した超越の神であり、被造物からのいかなる協力もなしにその業を行われる、という主張が色濃く現れています。詩編に収められているように、「ただひとり驚くべき御業を行う方」（詩編72・18）、「ただひとり全知を超えて、いと高き神」（詩編83・19）、「ただあなたひとり、神」（詩編86・10）、「ただひとり驚くべき大きな御業を行う方」（詩編136・4）、これが旧約聖書の神なのです。

⑵　イエス・キリスト

新約聖書は上述の旧約聖書の信仰を背景として、イエス・キリストの出来事から生み出された文書です。イエス・キリストの出来事とは、信仰の中で把握される真理であり、端的に、十字架と復活のことであると言って良いでしょう。この二つは、人間にとって二つの出来事——贖罪と新生——をもたらしました。

贖罪

贖罪とは神が人間の苦しみをご自分のものとされる出来事です。十字架は神が人となり、人間の苦しみを味わい尽くされた出来事であり、復活はそれが地上において一定の時代に起こっただけではなく、今も後もとこしえにご自分のこととされた出来事です。このことにより苦しみの主体が人間から神に移されるという主客転倒が起こりました。わたしの中にある苦しみは、もはやわたしのものではなく、神のものなのです。

わたしたちは他者の苦しみに対していくらかの共感を示すことができます。その苦しみを部分的に担うことは確かに可能です。しかしそれでもそれはあくまで「他人事《ひとごと》」であり、わたしたちはその当事者に成り代わることはできません。結局のところその苦しみは本人がたった独りで担わなければならないものです。そこにはいかにしても打ち消しがたい孤独があります。この苦しみを味わっているのは、この広大な宇宙で、自分ただひとりという感覚は、黄泉に落ち込んでいくような苦しみであります。この孤独はあらゆる苦しみに伴い、苦しみを一層耐えがたいものにする「死のとげ」[34]であると言ってもよいでしょう。

この、他から切り離される感覚を、十字架のイエスは味わわれました[35]。これは神が孤独の苦しみを担われたことを意味します。しかしそれがどうして２０００年後のわたしたちに関わるのでしょうか。この時の壁を超えてなおわたしたちに迫ってくるのは、復活があったからです。復活は単なる肉体の蘇生ではありません。それはこの世界が、わたしたちが見たり聞いたり感じたり考えたりできるもの以上の何かから働きかけられていることへの気づきの出来事でした。その働きかけとは、神の子イエスが今なお生きて人間と苦しみを共有しているということです。復活したイエスは、復活を信じられなかった弟子トマスに現れ、十字架で釘付けにされた手と脇腹の傷を彼の指と手でもう一度突き刺すように差し出しました[36]。漁で収獲を得られなかった弟子たちに、復活のイエスは力を貸し、食べ物を給仕しました[37]。復活後もイエスは弟子たちの不信と無理

(34) コリントの信徒への手紙 一 15・56参照。
(35) マルコによる福音書15・34参照。
(36) ヨハネによる福音書20・24〜29参照。
(37) 前掲書21・1〜14参照。

解に苦しむのです。黙示録では天上で今なお傷つき血を流す犠牲の子羊のイメージでイエスが描かれています。[38] 復活とは、他でもない十字架に架けられた方の復活であり、そのことによって今ここにいるわたしやあなたに十字架の贖罪が再現されているということなのです。

神と人から棄てられるイエスの苦しみは現在進行中です。この神の苦しみは聖霊の呻きとして記されています。[39] この神イエスが孤独な人間に今も寄り添っているということです。その苦しみを他の人間仲間は部分的にしか担うことはできませんが、神はその人の苦しみをご自分のこととして100パーセント共感されるのです。すなわち、人間にはもはや孤独な苦しみはありえないということ、神はその苦しみを当事者から取り上げ、御自分のこととされたということです。もちろんその人に痛みはなお残るでしょうが、それはむしろ、人間が神の苦しみに部分的に共感している逆転した状態なのです。苦しみの主体の交代です。このリアリティと共に、これがこの人間に語られ、それを信じる信仰の賦与によって受け入れられるようになる出来事が贖罪です。[40]

新生

新生とは人間が神の命を自分のものとして生きるようになる出来事です。苦しみの主客転倒が起こり、その主体はもはや神となり、苦しみを負うことでしかなし得ない義を神は行われます。

しかしこの主客転倒が起こったとはいえ、苦しみの感覚自体は人間からなくなることはありません。けれどもその痛みは、人間が神の苦しみに立ち会う証人とされたことを意味します。神の苦しみに付け合わされその痛みに伴う義の業の一部を共に担う神の同労者とされたという事態の出現です。つまり人間には使命が与えられた、これが新しい命です。人間の苦しみを担うべく復活された主と共に、人間もまた主の復活の命を共に生きるのです。

聖書はイエスを、苦難を負いながら正義を求める人間として描いています。誕生の初めからイエスの家族は苦難を負い、正しい事が起こることに身を委ねました。(41) 身を低くしてバプテスマを受けた時、イエスは洗礼者ヨハネにたいして正しいことを行おうと告げます。(42) サタンの力の誘惑

---

(37) 上掲書21・1～14参照。
(38) ヨハネの黙示録５・６参照。
(39) ローマの信徒への手紙８・26参照。
(40) 贖罪を伝える聖書箇所はあまたありますが、たとえば「わたしの軛を負い、わたしに学びなさい。……わたしの軛は負いやすく、わたしの荷は軽いからである」（マタイ11・29～30）。などは分かりやすいメタファーの一つでしょう。
(41) マタイによる福音書１・18以下参照。
(42) 上掲書３・13～15参照。

レビンの壺

には無力の中で神に従うことを選びます。[43] 人々の無理解と反感の中で説教をし、[44] 人々の策謀の中で危険を冒して病を癒しました。[45] 弟子たちも最後までイエスを理解せず、[46] 十字架に向かうイエスを見捨てました。[47] 最後には神に見捨てられる中で、神の義を実現しました。[48]

人間のどのような苦しみにも、その背後には必ず価値が潜んでいるものです。この図はレビンの壺と呼ばれるもので、器と人間の向き合う顔が同時に描かれています。わたしたちの脳はこの両者を同時に認識することができません。苦しみと価値の関係も丁度このようなものです。たとえば、不安の背後には自分の人生を大切に思う思いが、喪の悲しみには亡くなった人のかけがえのなさが、怒りには正義、嫉妬には自己価値、挫折感には期待感、そしてうつには新しい価値への予感が潜んでいます。そして先に述べたように、孤独は神との連帯の通路になります。これらネガティブな感情を否定すると、それに伴っている大切な価値まで失ってしまうのです。積極的な意味を持つ苦しみは、回避したり軽減したりしようとすると、もう一方にある意味の方がわたしたちに迫って来るので、ますます苦しさを増大させます。つまり価値喪失の苦しみと苦痛増大の苦しみのダブルパンチです。

この、苦しみの背後にある価値を見出すことは、わたしたちが自分のあるべき姿を取り戻すことにつながります。そして神とのつながりを意識することでその価値を見出すことが可能とされるのです。神がわたしたちと苦しみを介してつながってくださることで、その苦しみを負うことなしにはなし得ない価値をわたしの中で追及してくださっている、その活動にわたしたち自身が付け合わされ巻き込まれていくのです。主と共に苦しみをになうとき、その背後にある価値は、わたしたちを生かす使命となるのです。これもまた与えられた信仰によって受け止められるべきわたしたちのリアリティの変化です。(49)

(43) 上掲書４・１～11参照。
(44) ルカによる福音書２・23、４・28～29参照。
(45) マルコによる福音書３・１～６参照。
(46) 上掲書８・17他参照。
(47) 上掲書14・50～52他参照。
(48) 上掲書15・34、ヨハネによる福音書19・30参照。
(49) 使徒パウロの名によって伝えられる次の言葉は、わたしたちの使命について端的に語っている言葉でイエスの十字架と復活はわたしたちに贖罪と新生をもたらし、私たちを神と一つに結びつけてくださいました。このことを使徒パウロは次のように言っています。「キリストが御父の栄光によって死者の中から復活させられたように、わたしたちも新しい命に生きるためなのです。もし、わたしたちがキリストと一体になってその死の姿にあやかるならば、その復活の姿にもあやかれるでしょう」（ローマ6・4b～5）。「生きているのは、もはやわたしではありません。キリストがわたしの内で生きておられるのです」（ガラテヤ2・20）。

イエス・キリストについて書かれている四つの福音書には、イエスが弟子たちと協力して何かを行なったということは全く記されていません。むしろ弟子たちは終始イエスに対して無理解であり、イエスが単独で万事を主導したことが強調されています。この出来事のために人間のいかなる功績も役立つことはできませんでした。贖罪と新生をもたらす主客転倒はただ神と等しい御子イエス独りで「成し遂げられた」（ヨハネ19・30）ことなのです。神がわたしたち人間と結びついてくださったのであり、わたしたちが神と結びついたのではありません。この結びつきは、どこまでも神の側からの一方的な結びつきなのです。

被造物からの協力なしに無から天地を造られた神は、全権をふるいながら無力のイスラエルに伴い導き、今またイエス・キリストにおいて、ただそのお方お一人の功《いさお》しによって、わたしたちを神と共にあるものとなしてくださいました。旧約聖書にも新約聖書にも、「ただひとり驚くべき御業を行う方」（詩編72・18）という神観が響きわたっているのです。

（３）教会の歩み

「教会」という言葉はギリシア語の「エクレシア」の訳で、その意味は「呼び集められた者たち」です。ここからも分かるように「教会」の原意においては「教える会」という意味はむしろ二次的で、「神によって呼び集められた者たち」というのが本来の意味です。教会は、人間が作るものではなく、あるいは人間も協力して作るものでもなく、神が全権を持って形成されるものなのだということです。この教会の歩みを、使徒言行録、三位一体論、宗教改革を取り上げて概観するなかで、そこに表された神とその神に対する信仰の特徴を考察していきましょう。

す。「今やわたしは、あなたがたのために苦しむことを喜びとし、キリストの体である教会のために、キリストの苦しみの欠けたところを身をもって満たしています」（ココサイの信徒への手紙１・24）。

使徒言行録

使徒言行録は、驚くべきことに伝道の禁止命令で始まっています。「エルサレムを離れず…父の約束されたものを待ちなさい」（使徒1・4）。そして伝道は「父の約束されたもの」、すなわち聖霊が始めると告げられます。「聖霊が降ると……地の果てに至るまで、わたしの証人となる」（使徒1・8）。伝道する共同体としての教会のはじまりは聖霊降臨(50)の出来事でした。このとき男女の弟子たちがしたことは、伝道のビジョンを描くことでもなければ宣教計画を立案することでもなく、「心を合わせて」祈ることであったというのは重要です。なぜなら祈りとはまさに「力を捨てること」だからです（詩編46・11）。使徒言行録2章から始まる聖霊降臨以後、弟子たちは「聖霊に満たされ」神の言葉を語り始めます（使徒2・4）。このように聖書は教会とその活動の始まりを、人間の能力や計画によるものとしてではなく、徹頭徹尾、聖霊なる神の業であると証言しています。

その後の世界宣教も、なんらかの会議によって決定され計画的に進められたものではありませんでした。使徒言行録7章54節から8章4節までには、海外宣教がエルサレム教会に対する大迫害がきっかけとなって始まる様子が描かれています。「散っていった人々は、福音を告げ知らせながら巡り歩いた」（使徒8・4）とあるように、離散ないし難民化というやむを得ない事情に耐える窮乏生活がそのまま世界宣教として用いられていったのです。

パウロの回心と伝道旅行も初代教会にとっては全く意表をつくものでした。パウロは熱心な迫害者の筆頭であり（使徒7・58b、8・1、9・1〜2）、伝道者たるに最も相応しくない者でありました。初期の教会でもパウロが使徒であるということの正当性をめぐって激しい議論がなされていたようで、パウロ自身もそのことに書簡で相当のページを割いて繰り返し弁明せざるをえませんでした（Iコリント9・1以下、IIコリント10・1以下）。また自らも自己を評して「月足らずに生まれたような」と自嘲し、使徒と呼ばれるには相応しからざる者との自覚に言及しています（Iコリント15・7〜9）。しかしながら使徒言行録には、このようなパウロだからこそ「ただひとり御業を行う方」の恵みの器として用いられる様が描かれています。そこに描かれるパウロの伝道は、人々の納得できる人選でもなければ、パウロ個人の才覚によるものでもないのです。

使徒言行録はその後半が四回にわたるパウロの伝道旅行で占められていますが、その四回目、念願のローマ伝道は、旅行と言えるようなものではなく、事実上はパウロの逮捕、暗殺計画、長期にわたる勾留のすえのローマ兵による護送だったのです（使徒21・27〜28・31）。ローマに到着

（50）聖霊降臨日（ペンテコステ）は、降誕日（クリスマス）や復活日（イースター）と並ぶキリスト教の三大祭として大切に祝われています。

した後の様子を言行録編者ルカは次のように描写しこの書を締めくくっています。「パウロは自費で借りた家に丸二年間住んで、訪問する者はだれかれとなく歓迎し、全く自由に何の妨げもなく、神の国を宣べ伝え、主イエス・キリストについて教え続けた」（使徒28・30〜31）。ここにも人間の作為や「伝道力」は微塵も関与していません。

使徒言行録はこのような形で教会とその伝道の本質を語り、「ただひとり驚くべき御業を行う方」（詩編72・18）を証言し、その方への信仰を表明しているのです。

三位一体論

このような形でヘレニズム世界に伝道されるようになったキリスト教は、ローマ帝国内の一大勢力となっていきますが、人間的・この世的な力による伝道（伝道力による伝道）という誘惑と極めて熾烈な戦いを迫られるようになりました。ローマ帝国による身体的物理的な迫害については比較的よく知られていますが、その背後に霊的な戦いのあることを忘れるべきではありません。この戦いは聖書の「ただあなたひとり、神」（詩編86・10）という生ける神への讃美告白を守る戦いであり、そして、それこそが三位一体論の形成なのです。

ギリシア的な思考様式に基づき純粋に理論だけで神を考えるならば[51]、神とは「最高の存在」であり、その神の行為は「最善の行為」であるということになるでしょう。けれどももしあらゆる点で最高の存在者がいるとすれば、そのものが最高であるために、またそれが最高だとわかるために、それと比較してより以下のものがなければならないという理屈になります。最善の行為というのも同じで、最善の行為であるためには、また最善であるとわかるためには、それ以下のものが想定されていることになります。つまり人間の頭の中で考えられた理屈上の神は、その存在においても、またその行為においても、それ以下のものに依存しています。そうであるならば、その神は決して最高でも、最善でもありません。つまり「最高の存在」とか「最善の行為」という概念は自己矛盾があり、破綻しています。そのようなものは最高でも最善でもあり得ません。

聖書の神、イスラエルが苦難の歴史の中で出会った神、イエス・キリストにおいて啓示された神は、先に述べたように「ただひとり全地を超えて、いと高き神」（詩編83・19）であり、「ただひとり驚くべき御業を行う方」（詩編72・18）でした。つまりこの神は、その存在において他に依存せず、その行為において他に依存しない方なのです。この神と出会った人々にとっては、その出会いの出来事とは別のところから、つまりギリシア的な思弁から神を語ろうとすることで済ませてしまうわけには、どうしても、いかなかった。彼らは神との出会いによってもたらされた信

(51) こうした思考方式を形而上学と言います。

仰を、ギリシア的な思考方法でなんとか言い表そうと懸命に努力しました。様々な政治的な圧力の中、文字通り命がけの努力だったのです。こうしてできあがったのが三位一体論です。この教説の内容を簡潔に見ていきましょう。

神は、その存在において他に依存せず、ご自分の中で充足しておられます。わたしたちが自然を観察すると、どんなものでもそこには始まりと終わりがあり、原因と結果があります。けれども聖書の神は、永遠の初めから存在し、永遠の未来に存在するお方です。ヨハネの黙示録の「わたしはアルファでありオメガである」（黙示録1・8）はこのことを表しています。また被造物はどんなものでも関係の中で存在し、単独でいることはできません。お互いに支え支えられる関係を必要とします。自分以外の愛の対象を必要とすると言ってもよいでしょう。しかし神は「ただひとり神」であることができる方であり、それでいて決して孤独ではない方、つまりまことの意味で自由な方なのです。神はご自分の内部に、愛し愛される交わりを持っておられます。アウグスティヌスは愛する主体を「父なる神」、その客体を「子なる神」、そしてその関係そのものを「聖霊なる神」という具合に割り当てて説明しています。[52] このように神はその存在において他に依存せず愛において自己充足した方なのです。[53]

ではこの〝愛の満ちあふれ〟である神は、私たち被造物とどのような関わりを持っておられるのでしょうか。これについては、神はその行為において他に依存しない方であるということ、神は三位一体の〝愛の満ちあふれ〟として行動する神なのです。この神の被造世界との関わりは、第一に、創造者としての関わりです（父なる神による創造）。神は孤独だったから世界を創造したのではありません。ご自分の内にある愛のみちあふれから創造されたのです。

第二は、イエス・キリストとしての関わりであり、ここにおいて神は人間の罪[54]とその苦しみをご自分のこととされました。神がこれをなさったのはご自分に負い目があったからではなく、神の一方的な恵みによるのです（子なる神による贖罪）。

第三は、聖霊なる神としての関わりで、これによってわたしたち人間は神の業をになうものとされます。人間には神に近づく力もなく、神の業をなす力もありません。神がご自分の中にある愛の交わりをわたしたちに注ぎ与えてくださることによって、わたしたちは神に似る者として新

（52）アウグスティヌス（西暦354～430年）は古代世界最大の神学者と呼ばれ、その著作は今日に至るまで大きな影響を与えています。著作としては『三位一体論』、『神の国』などがあります。

（53）神の内部における三位一体の教説ことを「内在的三位一体論」と言います。

（54）罪とは、単に道徳的な罪というだけではなく、神から自己を疎外し神なしに自己実現しようとして苦痛を増大させてしまう姿を指します。

しく生きる者なり、使命を与えられて神の業をなす者とされるのです（聖霊なる神による新生）。

ここで留意すべきは、創造は神との関係の創造としてその内に贖罪と新生を含み、贖罪はそれによって人間が新しく生きるものになったという意味で創造と新生であり、新生は神が贖罪の苦しみを負われることをとおしてなされる新しい人間の創造であるということです。神の三つの業の現れも、実は一つの実体、つまり創造・贖罪・新しい生命の賦与という被造物に臨む神の三つの行為も、一人の神の一つの神の業であるということです。(55)

キリスト教は言うまでもなく一神教ですが、聖書が証しする神はその存在においても行為においても他に依存しない超越の神であることがお分かりいただけたでしょうか。そしてこの意味からも、宗主宗教ではないと言うことです。宗主、つまりピラミッドの頂点にある神は、どんな場合でも底辺に依存せざるを得ません。フォロアーがいなければリーダーであることができないようにに、宗主宗教の神は自らに仕える者を必要とします。つまりギブ・アンド・テイクだということです。聖書の神は、一方的に恵みを与える神で、あくまでもギブ・アンド・ギブであり続けるのです。

キリスト教の神様はなんとも面倒くさい神であることか、と思われる方がいるかもしれません。なぜこのような面倒な議論をしなければならないのでしょうか。それはわたしたち個性ある一人ひとりが本当の意味で支えられるためです。三位一体論が言おうとしていることは、極々シンプルに言えば、全ては神のおかげだということです。わたしがいるのは神のおかげ――つまり、父なる神の御業による。わたしが良い人間でいられるのも神のおかげ――つまり、子なる神の御業による。わたしに良い業ができるのも神のおかげ――つまり、聖霊なる神の御業による。生きていて良い人間であるという理由を、わたしたちは自分自身で確実なものにすることはできません。自分で自分を支えることのできないわたしたちが、真に立っていることができるとすれば、三位一体の神によるほかないのです。逆に言えば、この神がわたしたちと三様にして一つの関わりを続けていてくださるからこそ――創造と贖罪と新生の賦与において「良し」[56]としてくださるからこそ、たとえ世界中が自分を否定しても、また自分自身でも自分を承認できないようなことがあっても、わたしたちは自信を持って（いや、自信など全くなくとも）立っていることができるのです。わたしたちは、個人はかけがえのない尊厳を持っていると考えていますが、その尊厳は決してわたしたちに内在するものではありません。わたしたちの持ち前のかけがえのなさ、良い

(55) 被造物との関わりにおける三位一体の教説ことを「経綸的三位一体論」と言います。ちなみに「経綸《オイコノミア》」はエコノミーの語源になった言葉で「世界を統治する」という意味です。
(56) 創世記１章では「神は…良しとされた」と神の世界肯定の言葉が七たびくり返されています。

性質や何か立派な行いによるものではありません。そのようなもので自己の尊厳を保つことはできません。私たちのこの尊厳は、外から、より確かな神からきているのです。その意味で三位一体の神への信仰は人権の根拠であると言ってもよいでしょう。

教会が三位一体論という実に分かりにくい教理を形成してきたのは、すべてにわたってただ一人で御業をなさる神への賛美告白を保つための戦いの中で、でありました。この戦いが教会の歴史の中で次のエポックメイキングとなったのは、宗教改革でした。

宗教改革

宗教改革は先に述べた旧約聖書と新約聖書の信仰をマルチン・ルターが再発見したことから始まります。１５１７年10月31日、アウグスティヌス修道会の修道士にして神学教授であったルターは、ヴィッテンベルク教会に「95ケ条の提題」を提出し、「贖宥状《しょくゆうじょう》」（いわゆる免罪符）の効力をめぐる討論を呼びかけました。贖宥状とは政治的財源を得るためにローマ教会が聖ピエトロ大聖堂建設の名目で販売したものでしたが、その購入によって罪が赦されると教えることにルターは異議を唱えたのです。この提題は直ちに印刷され、またたくまにドイツ全土に頒布されたと言われます。

ルターは、熱心な修道生活の徒でしたが、いかにしても心の平安を得ることができない苦悩の末に、聖書の研究、とくに使徒パウロの「ローマの信徒への手紙」の研究を通して「信仰による義」（信仰義認）の理解に達し、ようやく魂の平安を得ることができました。それは、人間が神に義なる者と認められるのは、人間の精進努力によるのでも神への協力貢献によるのでもなく、イエス・キリストの十字架と復活によって与えられた贖罪と新しい生命によることを発見したからでした。

ただキリスト・イエスによる贖いの業を通して、神の恵みにより無償で義とされるのです。……人が義とされるのは律法の行いによるのではなく、信仰による。（ローマ3・24、28）

この神の一方的な恵みによって与えられた義[57]のゆえに、贖宥状の購買による功徳が義認の保障となるという考えにルターは承服できず、教皇権に反対して宗教裁判で有罪宣告を受けた後も自説を曲げることはありませんでした。

(57) 聖書における「義」とは神との正しい関係とそこから派生する人間同士の社会的に公正な状態を指します。

ドイツで始まった宗教改革は、この後カルヴァンなどに引き継がれ、全ヨーロッパに広がっていきました。こうしてローマ・カトリック教会から分離したプロテスタント諸教派が誕生したのです。プロテスタント教会には、聖書主義、信仰義認論、全信徒祭司制（あるいは万人祭司制）という三つの大原則があります。

聖書主義は、教会がよってもって立つべき第一の規範は聖書のみであるという原則です。カトリック教会も聖書、教理、聖職者制度の三つを重視していますが、この三つは相互に保管し合う関係と考えられています。これに対してプロテスタント教会は、教理も教会の制度も、聖書に従うべきであって、その秩序は不可逆であると考えます。ですから、教理も教会の制度も絶対不動のものではなく、聖書によって絶えず更新・改革されていくべきものなのです。

信仰義認の教説は、先に述べたようにルターにとって聖書の内容の中心でした。もちろんこの教えも聖書に則っている限り権威があるものということになりますから、聖書という一次的な権威に従属する二次的な権威です。カトリック教会では、ローマ教皇の勅令に基づく教理が聖書と同等の権威を持っています。これに対して、プロテスタント教会はそれぞれの時代状況の中で聖書から読み取った信仰の内容を「信仰告白」として定め、聖書に次ぐ二次的な教会の権威としています。[58]

全信徒祭司制も、聖書を第一の権威とすることから流れ出てきます。教会の制度は、神の業を担う権能は誰にあるかという議論から始まります。カトリック教会では使徒ペトロを最初の教皇と考え、彼から神の業を担う権能が代々教皇に受け継がれていると考えます。ですから聖書を解釈する権威も信仰の内容を定める権能も聖職者にあり、最終的にこれらの権能はローマ教皇に帰すると考えるのです。これに反して、プロテスタント教会では、聖書を解釈する権能は聖霊にあると考えます。聖書を読むとき聖霊なる神が一人ひとりに語りかけてくださる、そのことを大切にしようという考えが優勢になります。当然、聖書を読み解釈する人の時代や場所や個性によって、さまざまな解釈が生じることになり、ひいては様々な教派の分裂を生むことにもなりました。

イスラエルの歴史とイエス・キリストの出来事において神が人間に結びついてくださったその事実から、聖書が生み出され、その聖書を入り口にして神との結びつきが日々新たに起こされるというのがキリスト教の生の営みです。そこから信仰告白とともに神の呼びかけに応じる人々の群れ（エクレシア＝教会）が起こり、教会の制度もこの運動の中で改革され続けるのです。このように、プロテスタントの三大原則（聖書主義、信仰義認、全信徒祭司制）も、ひたすら神がなさることを

---

(58) プロテスタント教会では聖書と信仰告白の不可逆な秩序を表すために、聖書を「規範化する規範」と呼び、信仰告白を「規範化された規範」と言い表すことがあります。

とに対して無力な服従の姿勢を貫くために——「ただひとり驚くべき御業を行う方」（詩72・18）への讃美告白を貫くために——生み出された工夫なのです。

使徒言行録に表された教会、三位一体論を形成した古代教会、そして絶えず改革される教会を生み出した宗教改革を概観しながら、教会とは、あらゆる神人協力を徹底的に排除し万事を単独でなさる神が主人公の営みであることを見てまいりました。神が呼びかけ、人間が応える。この不可逆な順序で教会は呼び出され、週ごとの呼び出しという礼拝の出来事が、そして日々の呼び出しという牧会の出来事が起こるのです。では、この牧会の出来事において、わたしたちはどのようであるべきなのでしょうか。神が神であり、主が主であることの中で、わたしたちの知恵と力はどのように用いられるべきなのか、ことに心理学という道具を用いての努力はいかにあるべきなのかを、このあと見てまいりましょう。

第2節　神の全権の中で求められる奉仕のあり方

救いの業の全てを神ただひとりでなさるということに、わたしたち人間の業はどのようなものであるべきなのか。これがここでも主題です。神の業は、一にも二にも、語りかけです。つまり言葉です。この神の言葉が被造世界に向かって語りかけられるとき、この世界からの応答が起こり、新しい現実が生まれるのです。(59) しかしそれは人間に通じる言葉でなければなりません。神の言葉とはいえ、神様が天使たちと交わしている言語などというものはありません。あくまでもそれは人間の言語です。

神の言葉であると言いながら、事実上は人間の言葉であるというところから、難しい問題が起こります。それは人間が神から聞いた言葉を、あたかも自分の発想であるかのように横取りしてしまうという問題です。言葉は記憶に留めることができますから、神の言葉を受けた後で、それを自分の思想、自分の信念の中に組み入れて、自分を正当化するためのドグマ（教条・規範）にしてしまうのです。そうすると、神がその時に語られた意味が失われ、いつでもどこでも通用すべき普遍的真理になってしまいます。こうなるともはや生ける神の言葉ではなく、人間の言葉による神の言葉の横取りという事態となってしまうのです。せっかく神が身を低くして人間の言葉

(59)　創世記1章には、「光あれ」、「分けよ」、「現れよ」、「芽生えさせよ」、「しるしとなれ」、「地を照らせ」、「群がれ」、「飛べ」、「産み出せ」、「支配せよ」など、神の呼び出しによって世界が創造されていく様子が描かれ、神の業が第一に言葉であることを伝えようとしています。

を用いてくださったのに、恩を仇で返すようなことが起こるわけです。これは全権を行使する神の業への奉仕にはふさわしくないことではないでしょうか。この問題について、聖書や教会がどのように言葉を用いてきたかを振り返りながら考えてまいりましょう。

聖書の言葉

聖書の言葉は、元来口頭で伝えられたものが文字に書き留められ伝承されたものです。その様式は実に様々で、歴史物語、系図、法典集、対話録、詩歌、格言集、託宣、手紙、論文などがあります。その中でもとくに歴史物語が注意を引きますが、その素材にも神話、民話、伝説、儀式定式（礼拝で用いられた決まり文句）、小説、黙示文学が用いられています。これらはあくまで人間の言葉ですから、様々の欠陥があり、その問題に対処するための工夫が必要になってきます。この問題への聖書独特の対処をいくつか見ていきます。

聖書の冒頭には神話を素材とした原初の歴史がいくつか出てきます。たとえば創世記1章の天地創造物語は、古代オリエントの神話である「エヌマ・エリシュ」と、いくつもの点で共通点が認められます。また創世記6章から始まるノアの箱舟の物語も、古代シュメールの遺跡から粘土板で発掘された「ギルガメシュ叙事詩」に描かれている洪水神話と似ています。おそらくバビロン捕囚[60]などで広い世界を知ったイスラエルが、当時広く流布していた神話を素材として自分たちの神の歴史形成に採用したのであろうと考えられています。

けれども神話には問題があります。神話というのは、物語の形をとった「世界とは何か」という問いへの説明であり、そこにはいつでもどこでも通用するはずの普遍的な教訓が込められています。ですから当時の社会の支配層にとっては都合の良い内容であることも推測されます。こうした人間中心の、場合によっては御都合主義の神話をそのまま用いることはできなかったはずです。聖書を編んだ人々はこうした性格を持つ神話を素材とするにあたってどのような工夫を凝らしたのでしょうか。

たとえば「エヌマ・エリシュ」には、原始の海（混沌）とそれを天と地に分ける記述、上下二種類の水の存在と創造の順序、７日間の創造など聖書と共通する部分があります。けれども、神話の神々は原始の海から流出したもので、世界との連続性がある存在であるという考えは、聖書の神のことを伝えるのには適切ではありません。なぜなら流出した神であるならば、その存在を

(60) 紀元前587年ごろユダ王国はバビロニア帝国に滅ぼされ、バビロニアに強制移住されられました。このバビロン捕囚は、紀元前537年にペルシャ帝国によってエルサレムへの帰郷と神殿再建が許されるまで続きましたが、その後もなお多数のユダヤ人が異郷の地に離散したままでした。

別のものに負っていることになり、「ただひとり全地を超えて、いと高き神」（詩編83・19）ではないことになるからです。そこで、聖書の神は永遠の初めから存在している神で、その神は世界を無から創造したと説明しなければなりません。つまり世界との間に連続性が一切なく、世界を超越している方として描く工夫をしたのです。古代オリエント神話の方では、物質の永遠性が前提となっていますが、聖書では万物には終わりがあるとみなされ神格化されることはありません。世界は初めがあり終わりがある有限なものなのです。また神話には、世界の原初を示すことで絶えず変わることなく繰り返されるべき普遍的な世界および人類の営みを説明するという意図がありますが、聖書では、天地創造は過去のある時点で起こった一回限りの出来事であるとされます。つまり聖書は、世界の営みの不変性と普遍性の主張を、歴史のある時点に固定化（歴史化）することで世界の被造物性を強調したのです。[61]

創世記6章からはじまるノアの箱舟物語との関連が指摘されている古代神話「ギルガメシュ叙事詩」との比較からも、聖書がいかに全権を支配する神であるかを表現しようとしているかがうかがえます。ギルガメシュ叙事詩は、ウトナピシュティムという賢者が、神々の愚かな大洪水の企てを察知し、箱舟を造って生き物を保全したという物語です。この洪水神話では、因果の流れを読み解くことができず万事を予知できなかった神々に対して、人間がその知恵をもって協力したことが讃えられています。これに対して聖書の洪水物語は、因果律を超越した神の自由な意志とこれによる恵が強調されています。〈神はご自身の自由において、人間を滅ぼすことも、滅ぼさないでいることもできるお方である。事実過去にはノアの時のように人間を滅ぼされたこともあった。しかし此度は人間を永遠に滅ぼさないという決意をなされた。それは、神の自由な意志によるのであって、人間の罪をご自身で抱えて「永遠に苦しみ続ける」[62]という神の壮絶な覚悟のもとになされた決断なのだ。神による世界の保護は、それをあたかも一つの法則であるかのよう

---

(61) この聖書にある「歴史化」のモチーフを考えるならば、科学としての進化論を原理主義的に否定してしまう倒錯が起こることも、あながち理解できないことではありません。しかしながら、いわゆる科学的「創造論」の立場をとることで、古代メソポタミア神話の世界観と戦ったヘブライ民族のダイナミックな信仰理解がそぎ落とされてしまうという問題があることは注意しなければならないでしょう。すなわち奴隷への支配を正当化する神話に抵抗して、「神のかたち」としての人間性と無から有を生み出す神への信仰を告白することで、過酷な状況を生き抜く力を与えられてきたという重要な観点が失われてしまうということです。

(62) 創世記6章6節と7節にある神の「後悔」という言葉は、呼吸の止まった緊張状態から息を吐き出す動作を示しています。それは「ため息」であったり「安堵」の表現であったりもします。つまりここで「神が後悔した」と書いてある意味は、人間の罪のために息のできない苦しみの状態からご自分を解放されたということです。そして8章21節の「人に対して大地を呪うことは二度とすまい。人が心に思うことに、

に原理化することはできないのだ。〉これがノアの物語の主要なモチーフです。この比較からも分かるように、聖書は、古代神話を素材として用いながらも、人類救済のために徹頭徹尾、自由意志を持って全権をふるう神を表現しようとしているのです。

聖書の冒頭部分にある二つの物語から、聖書を担った人々が人間の言葉である神話を用いて「いかにして神の言葉を語るか」という大変困難なテーマに挑んだ痕跡を垣間見ました。この他にも、聖書66巻のいたるところで「神が語られる」というテーマを見出すことができます[63]。けれども聖書をこの点にこだわって著述・編集したその作業が首尾よく成功したのかどうかは疑問です。いたるところ矛盾があり、整合性がなく支離滅裂でいい加減な文章ではないかとさえ思えてきます。最初はこう言ってみたが、後でまた言い換えなければならないなど、二重三重に文章を塗り替えた深慮の跡があるのです。その結果聖書は、スッキリとわかるまとまりのある文書ではなくなってしまいました。神が語られることへのこだわりのために文章としての完成度を犠牲にしなければならなかったと言えなくもありません。

このことは新約聖書にも言えることです。たとえば新約聖書には福音書が四つありますが、それぞれ食い違いがあるばかりか、それぞれの内部にもまとまりに欠ける部分がいくつもあります。このように理論的に考えるならば、聖書編集者たちの努力は決して成功しているとは言えません。このような無様とも言える聖書の表現は、ある意味、神の言葉を人の言葉で語ることに失敗しているとも言えます。

そこで聖書をもっと整合性の取れたものにしようとする試みがかつてなされたこともありました。紀元2世紀に現れたマルキオンはその代表者で、旧約聖書を廃止し、新約聖書もルカによる福音書とパウロ書簡のいくつかに限定し、さらにそれらに自ら手を加えて改変し正典としました。けれども初期の教会はマルキオンを異端として退けました。それは神の言葉を人間の理解で

幼いときから悪いのだ。わたしは、この度したように生き物をことごとく打つことは、二度とすまい。」という神の言葉は、人間の罪の増長を予期しつつも、それでも呼吸困難の苦しみはやめないという決意を現しています。イェルク・イェレミアス著『なぜ神は悔いるのか――旧約的神観の深層』(日本キリスト教団出版局)。

(63) ここには「いかにして聖書を解釈するか」という説教者の課題へのヒントがあります。つまり聖書をになった人々が表わそうとした事柄を、虚心坦懐に受け止めようとするならば、「神が語られる」という前提で(そういう期待をもって)解釈されなければならないということです。確かに文献学的に、歴史上の古典文学の一つとして、いろいろ批評を加えながら読み解くことになるでしょう。しかし聖書は自ずと神の語りかけとなる書物です。聖書を、そこに書かれてある通りに読もうとするならば、神の語りかけを聞くということがどうしても起こらざるを得ません。

きる範囲のものに限定してしまうことに対する抵抗感があったからです。教会がとった方策は、聖書を不整合で未完結のままにしておくことでした。美術修復師が修復部分を後世に伝えるため敢えて完璧に修さない事と似ているかもしれません。これは神の言葉の主権的自由に信頼する教会の知恵であったと言うべきでしょう。

不完全なものであるにもかかわらず、それでも聖書を通してわたしたちに神の言葉が聞こえてくるとすれば、それはまさに聖霊なる神ご自身の働きでしかありません。神の言葉を語るという、この人間の試みの破綻したところで、神の言葉が語られ聞かれる出来事が起こるということが聖書の希望なのです。神の言葉をあえて語るという人間の努力とその破綻、そしてそれをも貫いて神が語られるという奇跡が起こる書物、これが聖書です。聖書の編者たちは自らの精いっぱいの努力を捧げて神に奉仕しました。しかしそれはあまりうまくいったとは言えない。それでもそれを神が用いてくださったとすれば、これこそが神の語りかけに奉仕する一つの、そして唯一の道なのです。神の全権の中で求められる奉仕とは、聖書の場合、まさに自己の不備ゆえに謙虚にぬかずくこと以外ではなかったのです。

教会の言葉

二世紀に入るとキリスト教はますます広範に宣教されるようになりました。それ以降の時代に教会が採用したのは、哲学の言葉です。第1節で述べた三位一体論はまさにその典型的なものです。とくに古代から中世にかけてキリスト教の教理はプラトンやアリストレレスの哲学に範をとって研究されるようになりました。人間の言葉ではとても言い表すことのできない神の言葉を、なんとか表現しようと精力的な努力がなされたのです。

哲学は英語で"philosophy"ですが、元々はギリシア語で"philo-sophia"、つまり「知恵」(sophia)を「愛する」(phileo)という意味です。難しい問題を考え抜いたすえにようやく「ああ、そうか！」と腑に落ちたとき、喜びを感じるのではないでしょうか。この納得を追求するのが「哲学」です。教会が哲学の言葉を用いて神のことを探求したのは、神は気まぐれな方ではないという信仰を基としています。神にはきっと信頼できるしっかりしたロジックがあるに違いないと考えたのです。この理性の納得を求めてキリスト教の真理が探求され今日に至っているのです。けれどもそこには一つの問題がありました。それは哲学が、目で見ている現実の世界とその背

(64)「概念」　人間は事物を理解するために比較をします。そして共通な部分を見つけると、その共通部分を持つもの同士をひとまとめにして名前をつけます。それが「概念」です。たとえば、うちのポチも、隣のシロも、どちらも犬だとすれば、「犬」は概念であるということになります。

後にある理想の世界を想定するところから始まっているということです。現実を理解するためには、より一般化した概念[64]で捉えることで理解が深まるのですから、概念の方が個物よりも高尚だと考えたくなるのはわかる気がします。しかし、そういう考えに基づいた場合、神は人間の頭の中にある理想（もしくは理念）であるということになり、この頭の中にあるものを探求することが神を探求することと混同されてしまいます。

もちろん哲学の側でも、キリスト教の神学の側でも、現実を重く受け止める立場からこのような考えに反論がなされ続けてきました。理念は理解を深め現実を動かすことができますから、より力があると考えたくなります。けれども理解されたものは、常に現実から修正されなければなりませんから、現実の方が力があるとも言えます。ですから神も人間の頭の中にあるよりは、外にある神の方が本物だということになります。けれども神は見ることができませんから、本当に実在するかどうかは確かめようがありません。結局確かなことは頭の中にあるということだけになってしまいます。

ですから神について考えれば考えるほど、神は理念と化していき、信仰は人間の哲学的な営みによって勝ち取ることができるかのように誤解されてしまいます。こうして信仰がいつの間にか努力すべきものとなり、やがてお金で天国を買うという発想、つまり「贖宥状《しょくゆうじょう》」（免罪符）という、行き着くところまであと一歩ということになるのです。とはいえ、人間の思索が不必要かと言えば、そうではありません。むしろ神は知られることを求めておられるという信仰から、哲学の言葉を使っての熱心な探求は止むことなく続けられてきました。

例えば神の存在証明もそうした努力のひとつです。さまざまな証明方法が考え出されましたが、いずれも納得できるものではありません。こうした神理解の一つに「自然神学」があります。自然を見ればそれを造った方がわかるという考え方です。人間が何かを認識するためには、それ以前に前知識が必要です。たとえば、「公園でAさんを見かけた」という場合、Aさんがどんな人かあらかじめ知っている必要があります。このようにどんな認識も、前知識が必要です。神について考える場合も、神とはどういう存在か最低限のことはあらかじめ知っていなければなりません。そこで人々は自然の中から神を類推するやり方を考えたのです。確かに自然界を見渡してみれば、私たちが経験できる事柄の中に神秘と畏怖を感じさせるものが満ちています。けれどもそれを神だとするのは短絡的というほかありません。やがて近代になって、そのようにして探求された神というのは、結局のところ人間の感動や願望を映し出したものにすぎないではないか、と批判されるようになり、「神は死んだ」とまで言われるようになりました。

たしかにいずれの方法で探求しても、そこにあるのは人間の願望の自己投影でしかありません。世界には想像を絶するさまざまな「力」があり、わたしたちを圧倒しますが、そうした力の頂点が神だということになれば、空恐ろしいことになるでしょう。暴力も神の業だということになりかねません。事実ナチス政権下のドイツにおいて、このようなやり方でヒトラーを神格化するプロパガンダが盛んになされました。このように人間の理性によって神を探求できるとする考えは納得できる結論に至らないばかりか、人間の自己絶対化という狂気に陥らせるのです。

２０００年に及ぶ哲学的概念を駆使した推論による神理解のチャレンジは、神を人間の頭の中に閉じ込め、生ける人格としての神ではなく、理念や法則など観念的なものとすり替えてしまう以外の成果は上げることができませんでした。

このような自然神学の道を最終的に断念したのは、カール・バルトでした。自然神学による補完、すなわち人間の経験の中から神を認識するのではなく、まったく無から有を生じさせるような、奇跡と言うほかない仕方で神を認めることのできる道、これが「啓示神学」の道です。

カール・バルトは、プロテスタント（改革派）の神学者として、聖書にこだわり続けました。聖書によれば、イエスは当時の人々が期待していたメシヤ像とはまったくちがった姿で現れました。端的に言ってだれもこの人が神だとは思えなかったのです。イエスをメシヤと告白した弟子たちですら、真の姿については最後まで無理解のままで、ようやくそれがわかったのは復活という神の業によってでした。言ってみればユダヤ人の前知識はまったく通用しなかったのです。しかし後になって振り返ってみれば、そのことは旧約聖書においてしっかりと預言されていたことでした。ただ神のみが、一切の人間の協力なしに、ご自分をお知らせになったのです。まさに「目が見もせず、耳が聞きもせず、人の心に思い浮かびもしなかったことを、神はご自分を愛するものたちに準備された」（Ⅰコリント2・9）とあるとおりです。この聖書の示す神認識の仕方に、バルトは徹底してこだわりました。そしてこの方法の中で、神のロジックを探求する学問的な方法を見つけたのです。

バルトはそれを、彼の著書『知解を求める信仰・アンセルムスの神の存在の証明』で著しました。この書の中では、信じるために理解するのではなく、信じるからこそ理解するという考えが示されています。納得しなければ信じないという人たちのために、相手の土俵にまず立って、その上でキリスト教を擁護する立場――これを弁証論と言います――に異を唱えたのです。バルトはいきなり信仰を前提として論を進めるやり方を是としました。「信じるためにはまず理解を」ではなく、「信じるからこそ理解したいのだ」という姿勢です。

バルトは聖書を通して与えられた信仰の言葉を「大文字」で始まる“Credo”と言いました。はじめにこれを権威として受け入れる出来事が起こるのだと言います。もちろんこの受け入れは自分の意志による決断なのですが、しかしその背後にその決断を促す神意があると信じての決断です。その際重要なのは、この“Credo”の真理を人間的な了解の地盤から問わないということです。これはあくまで「信じる」ことなのであり、了解できるようにしてから信じるというのでは、それは「知る」ことであっても「信じる」ことではありません。

けれどもこれだけでは、理性的な探求とは言えません。神学というからには何らかの理路が示される必要があります。単に学問だからというのではなく、われらを愛する神はわれらがわかるように理解の筋道を、われらが神の領分を侵すことなく探求できるように、備えてくださっているはずだという信仰に基づいて、その理路を探求するのです。

バルトはこの理路を、信じている信仰の言葉同士の関連に求めました。諸々の信仰の言葉の中にある内的整合性――これを「小文字」ではじまる“credo”と言います――を探求することで自分の腑に落ちるもの（“philo - sophia”）にするということです。たとえば創造の初めからキリストはおられたという信仰は、天地創造のときに神が被造物を良しとされた業と、キリストが罪を贖ってくださった業とは、神が被造物を愛し肯定する単一の業であるという推論と結びつけて考えることができます（創造論と和解論の内的関連）。あるいは、信仰による義を信じて自己義認の誘惑に耐える姿勢は、キリストの再臨を待つ姿勢と一つであるという推論がなりたちます（和解論と終末論の内的関連)。この他にも、まだまだたくさんの閃きが起こります。信仰生活を続けていると、今まで理解できなかった言葉の意味が「ああ、そうか！」と腑に落ちるものになる経験をするものです。理解できた喜び、つまり“philosophy”です。バルトはこれが神学だというのです。

バルトの神学のもう一つの特徴は、神の言葉の自由におまかせするということです。神の言葉は、それを聞いて何かが分かったと思った瞬間に人間の言葉に変質してしまいます。わたしたちが復唱した言葉は固定的な不動の真理ではなく、実はその都度言い直しの必要な運動なのです。バルトはこれを「神学的な思惟の運動」と言い、飛ぶ鳥を模写するようなものだと言いました。こうして神の言葉を神の言葉として保つ努力をしたのです。

けれども、これでもまだ単なる自己満足に止まる可能性があります。自分が考えたことの正しさを、どこで担保するのかは、あらゆる学問の重要問題であって、神学も例外ではありません。バルトはここでも人間的な基盤の中に確かさを求めることはしませんでした。思惟の正しさの保証は神にあるのです。自分が考えたことの正しさは、自分の中にはありません。人間の経験の中にもありません。その正しさの保証は、すべて神がそれを資格づけてくださることにかかっているのです。私たちが考えることは、正しさの点で、まったく十分ではないでしょう。それでも神がそれを選び、ご自身のことを語る器として用いてくださる限り、それでこそまったく正しく神を語る言葉となるのです。

たとえば、「神は父である」という場合、前出の自然神学の考え方でいくと、人間の父の特徴を考え、それを神に当てはめることになります。そうなると権威主義的な家父長が神だと言ってしまうことにもなりかねません。けれども啓示神学の考え方をすれば、人間の父は神とは似ても似つかぬものだが、この言葉を聞いてわかるように、この言葉を「神が用いてくださる」と考えることになります。この場合の考える筋道は、神こそがまことの父であるのだから、人間の父はまことの父に倣って、謙虚にならなければいけない、ということになるでしょう。

この神の側からの選びと資格づけがあって神学はその仕事をすることができるのですから、その意味では常に未完成であり、未来に開かれたものであり続けます。ですから、システマティックに整ったものでなければならないという従来の学問の条件は完全に手放しているという側面も併せ持つことになるでしょう。

人間の営みである神学が、神のことを正しく語る方法があるとするなら、神の選びに委ねるほかなく、その成否は最後まで神ご自身の業であるということになります。この神の業に奉仕するのが、人間の業としての神学ということです。この奉仕のあり方を、マルコによる福音書6章30節から44節までの「五つのパンと二匹の魚」の記事が、絶妙な仕方で表しています。

[30]さて、使徒たちはイエスのところに集まって来て、自分たちが行ったことや教えたことを
残らず報告した。[31]イエスは、「さあ、あなたがただけで人里離れた所へ行って、しばらく休
むがよい」と言われた。出入りする人が多くて、食事をする暇もなかったからである。
[32]そこで、一同は舟に乗って、自分たちだけで人里離れた所へ行った。[33]ところが、多くの
人々は彼らが出かけて行くのを見て、それと気づき、すべての町からそこへ一斉に駆けつけ、
彼らより先に着いた。[34]イエスは舟から上がり、大勢の群衆を見て、飼い主のいない羊のよう
な有様を深く憐れみ、いろいろと教え始められた。[35]そのうち、時もだいぶたったので、弟子
たちがイエスのそばに来て言った。「ここは人里離れた所で、時間もだいぶたちました。[36]人々
を解散させてください。そうすれば、自分で周りの里や村へ、何か食べる物を買いに行くで
しょう。」[37]これに対してイエスは、「あなたがたが彼らに食べ物を与えなさい」とお答えに
なった。弟子たちは、「わたしたちが二百デナリオンものパンを買って来て、みんなに食べさ
せるのですか」と言った。[38]イエスは言われた。「パンは幾つあるのか。見て来なさい。」弟子
たちは確かめて来て、言った。「五つあります。それに魚が二匹です。」
[39]そこで、イエスは弟子たちに、皆を組に分けて、青草の上に座らせるようにお命じになっ

た。[40]人々は、百人、五十人ずつまとまって腰を下ろした。[41]イエスは五つのパンと二匹の魚を取り、天を仰いで賛美の祈りを唱え、パンを裂いて、弟子たちに渡しては配らせ、二匹の魚も皆に分配された。[42]すべての人が食べて満腹した。[43]そして、パンの屑と魚の残りを集めると、十二の籠にいっぱいになった。[44]パンを食べた人は男が五千人であった。

イエスは弟子たちに、「あなたがたが彼らに食べ物を与えなさい」と奉仕をお命じになりました。けれども、彼らの手元にあったのは「五つのパンと二匹の魚」だけでした。彼らのなしうることは、五千人もの群衆の飢えを満たすのには全く足りないものだったのです。それでもイエスは、その粗末な食事を差し出し分配するように言われました。弟子たちがそれに従うと、そこに弟子たちの持てる力がなしうること以上のことが起こりました。五千人への給食という奇跡が起こったのです。神は人間のまことに足らざる力をご自分の業に参加させてくださるという恵みを与えてくださいました。もっと言えば、わたしたちの小さな業を、それなしには事を行われないほどに重んじてくださるということです。なんと光栄なことでしょう！この聖書記事にある「五つのパンと二匹の魚」のようなことが、人間の言葉（聖書と教会の言葉）にも起こってきたのです。

わたしの義理の妹は無類の猫好きです。彼女の飼っている猫たちは時々ネズミを捕って彼女の目につくところに置いておくのだそうです。ネズミの死骸など誰が喜ぶでしょうか。けれども彼女は猫たちをほめるのだそうです。それは猫たちからの精一杯のご恩返しだと知っているからです。神にとっては、わたしたちの業など、猫の戦利品に等しいのかもしれません。それでも神はそれを喜び用いてくださる。これが代々の教会が自らの言葉を――たとえそれがグロテスクな歴史を纏っているとしても――駆使して行う奉仕の業の希望です。

第３節　心理学の言葉による神への奉仕

キリスト教信仰の大切な特徴は、神が全権を揮って支配されることに、服従をもって応えること、神の言葉に人間の舌足らずな言葉をもって仕えるということです。聖書の編集者たちと代々の教会は、自分たちの極めて人間くさい言葉を献げるならば、神はこれを聖《きよ》めて用いてくださると信じました。では心理学はどうでしょう。「五つのパンと二匹の魚」に起こったようなことが、心理学にも起こるでしょうか。

心理学も一つの言語構成体です。(65) 聖書の諸々の文学類型、哲学を援用した教会の教理システム

(65) 言語構成体とは、構造主義言語学者ソシュールの造語で、英文法でいう構文のことですが、ここでは

と同じように、心理学もひとまとまりの言語構成体という道具《ツール》です。教会の事務仕事にコピー機を使うように、牧師が家庭訪問に自動車を使うように、神学者が哲学的な概念を駆使した言語システムを使うように、神のご用のために心理学を使うことは、神の権威と自由に服従する謙虚さと大胆さの限りにおいて、認められるべきものと考えます。とはいえそこには、謙虚さと大胆さをどのように維持するかという課題があります。次はこの課題について考えていきましょう。

心理療法にはそれぞれの流派に応じて治療の目的とするものがあります。たとえば自己内の矛盾や葛藤を洞察し自分の中で折り合いをつけられるようにするもの、「自己実現」を目指すもの、環境への不適応を行動や思考を変化させて改善することを目指すものなどがあります。[66] けれども、どの流派の療法も、神の呼びかけに応えるという「人格の回復」を目指すものとは言えません。ですから各心理療法の目的とプロセスをそのまま牧会として採用することはできないことになります。では牧会が一切そのようなものを用いてはならないのかというとそうではありません。なぜなら心理療法にせよ牧会にせよ人間の回復や成長のためにあるのですから。ここで神の業に仕えるのに役立つのは心理療法のどのようなプロセスを借りてくることなのかを見極める作業が必要になります。神の支配の中で人間の側に起こる信仰の姿勢として何が求められるのかを振り返り、ついでＡＣＴの中から、使うことのできる心理学上のプロセスを概観します。

この用語を「言語によって構成されたもの」というより広い意味で使用し、心理学および心理療法の理論、とくにACTの理論、及びセラピー場面における会話、またクライアントとセラピストのマインド（内言語）を指しています。

(66) 教会ではライフサイクル、つまり冠婚葬祭などの人生の節目節目で牧会者の出番があり、なんらかの通過儀礼を伴う牧会を受け持ってきました。そこでは発達心理学の知見が援用され人生の危機を伴う節目に危機カウンセリングとして牧会カウンセリングの出番がなかったわけではありません。けれどもそれは人生の節目の時期にスムースに危機を乗り越えるという人間の社会文化的なニーズに応えるためのものであって、神が人間と結びついてくださることに奉仕するという本来の牧会カウンセリングとは目的の焦点が微妙にずれてしまっています。そればかりか、今日では、心理臨床家の方が牧師よりも十分な訓練を受ける機会があります。個人のライフサイクルが複雑化し多様化する現代社会では、危機カウンセリングの目的が牧会の目的であるとはもはや言えないでしょう。

その他の心理療法でも、生物的・心理的・社会的な健康を目指す、いわゆる「バイオ―サイコ―ソーシャル」のアプローチに加え、霊的ないし実存的（スピリチュアル）なアプローチがとられるようになっていますが、聖書の神との結びつきを促す目的を持つものであるとは必ずしも言えません。

カウンセリングといえばカール・ロジャーズにはじまるパーソン・センタード・カウンセリングが良く知られており、共感的理解や無条件の肯定的配慮に基づく傾聴、自己一致などの諸条件を満たすという手段によって、クライアントの自己を評価する観点（評価の座）を、他者目線から自分自身の感覚（有機的体験）に移すことを目的とし、これを「自己実現」と呼んでいます。この目的も、牧会カウンセリ神は人間の救いのために、いかなる神人協力も排してご自身が働かれます。その業がイエス・キリストの十字架と復活であり、それによって人間には贖罪と新生がもたらされました。このことを信じる信仰において生じる人間の決断は、第一に、自分ではどうすることもできない心の苦しみ[67]をそのままにして神にゆだね、自分からは何もしないということ。第二の決断は、自己の苦しみにおいて神と結ばれた人間が、その苦しみの背後にある価値を見出し、神と共に追求し始めるということです。たとえそれが成果の期待できないものであったとしても、「わたしたちのすべての業を成し遂げてくださるのはあなたです」（イザヤ書26・12）という信仰のもと、その方向に向かって行動の一歩一歩を踏みしめていくことです。贖罪と新生は、わたしたちに、心の苦しみには何もせず、成果の期待できない行動に向かうという途方もない歩みをなさせるのです。

　けれども実際問題として、苦しみの中にある人が、そこから自力で逃れようとせず、苦しみをそのままにして、ただ神にだけ委ねていることができるでしょうか。たとえ祈るにしても、「静まりて我の神たるを知れ」（文語訳聖書 詩篇41・11）の言葉に無為のまま従うことができるものでしょうか。そのようなとき、実際何もしないでいることの方が、自己救済や自己実現のもがきを始めるよりも、はるかに難しいことです。また一切成果の見込めない事柄に、果敢に向き合っていくことが果たしてできるものなのでしょうか。「希望するすべもなかったときに、なおも望みを抱いて、信じ」（ローマ4・18）とはあるものの、全く絶望しきっている事柄に、なおも身を向けていくなどという離れ業が、人間にできるのでしょうか。この二つの困難なこと——謙虚さと大胆さ、ブルームハルトの言葉を借りれば「待ちつつ、急ぎつつ」[68]——は、まさに神が与えてくださらなければなし得ない姿勢です。この信仰の姿勢を維持するために用いることのできる心理学的なプロセスとはどのようなものでしょう。

ングでこの手法が無批判に用いられた経緯があったとしても、牧会者が目指すべきものとは言えません。

　今日認知行動療法は最も治療効果のエビデンスのある療法として貢献していますが、その治療目的は、不適応な反応を軽減するとともに、適応的な反応を学習させていくことにあります。ここで目指されることも、環境と個性の二者だけが登場し、両者の相克の中で個性が学習することであって、その不適応の様は取り除かれなければならないネガティブな意味しか考えられていません。しかし牧会においては、神という第三者を前提とし、二者間の相克はこの第三者による配剤としての積極的な意味を持つものとして追求されることになります。

(67)「自分ではどうすることもできない心の苦しみ」については本書、第五章、第2節の「自然なストレス増加」の項を参照してください。

(68) ブルームハルトは、ドイツ、ヴィッテンベルクの敬虔主義の流れをくむ牧師でしたが、個人の内面にある敬虔の感情を信仰の実質であるとする敬虔主義を批判し、自己の外からくる神の言葉に服する信仰の姿勢を貫き、カール・バルトなどに影響を与えました。

近年その効果が心理学でも認められるようになったマインドフルネス(69)は、衝動的な回避行動を抑制する効果が確認されています。それは、苦しみの自己解決をしばらく（あるいは長期にわたって）棚上げにすることができるスキルです。また、ＡＣＴの定義する「価値」とその明確化及び価値に向かって「コミット」するスキルは、絶望的状況でも行動する自由をもたらします。これらによって、苦痛を直接コントロールせずにその影響を遮断することで苦しみを無害化し行動の自由度（「心理的柔軟性」）を高めることを目指します。わたしはこれらの手法が、「待ちつつ、急ぎつつ」なす信仰の無為と敢為に大きく貢献しうるのではないかと考えました。つまり「マインドフルネス」は贖罪にゆだねる信仰の姿勢を支持し、「価値へのコミットメント」は新しい命の中で与えられる使命への方向づけに用いることができるのです。もちろんこのようなものなしにも神はわたしたちを、苦痛をゆだね困難に挑む人格へと変革することがおできになると信じます。けれども、このような心理学のスキルを神が用いてくださるとすれば、わたしたちが献げうる精一杯のものとして差し出すことに一定の意味はあるのではないでしょうか。本書のパストラル・カウンセリングはマインドフルネスと価値へのコミットメントという心理療法の言語構成体とそれら実践的なプロセスを、「五つのパンと二匹の魚」として牧会に援用しようとするものです。本書の眼目はまさにここにあります。

さて、「心理的柔軟性」を目指すＡＣＴの治療モデルには六つの心理的な手続き（コア・プロセスと言います）めぐって展開するものです。マインドフルネスにはその内の四つのコア・プロセスが含まれます。第一は、主として不快な感情に対して、それを安易に回避するための行動を抑制する「アクセプタンス」と呼ばれるプロセスです。第二は、本来自己保存を図るための防衛的な機能である思考《マインド》を、その内容からではなく、機能から眺め有効性を判断するプロセス「脱フュージョン」です。第三は、これらのプロセスを可能にする「今この瞬間に注意を向けている」プロセスのトレーニングです。第四は、他のプロセスを観察する視点を取るプロセスで、その視点は「文脈としての自己」と呼ばれています。ＡＣＴの価値へのコミットメントにも、前述の今この瞬間に居ることと、観察する自己の視点が重要になります。この二つのプロセスによって、成果

(69) マインドフルネスは元来仏教の用語「念」（パーリ語の「サティ」）からきていますが、現在では、仏教を超えて様々の伝統的な宗教の中に認められ（もちろんキリスト教にも）、さらには日常生活の中にもふんだんに見かけることのできる心理状態であることが分かっています。詳細は拙稿、「キリスト教的マインドフルネスの歴史的系譜と応用」『宮城学院女子大学研究論文集』124号（２０１７年６月）及び「マインドフルネスとキリスト教信仰」『福音と社会　農村伝道神学校紀要』第33号（２０１９年３月）をご参照ください。

志向から自由な「価値の明確化」という第五のプロセスと、苦痛の回避や思考へのとらわれによって衝動的にならずに価値に向かうことのできる第六のプロセス、「コミットメント」が可能になります。この六つのコア・プロセスは相互補完的に関わっており別個に切り離すことはできません。以下の図（ヘキサフレックス）はそれを表しています。

　ここでこれら二つの心理学的なスキル（マインドフルネスと価値へのコミットメント）とそれに伴う上述の六つのコア・プロセス（アクセプタンス、脱フュージョン、今ここにいる、分脈としての自己の視点取り、価値の明確化、コミットされた行動）を援用する

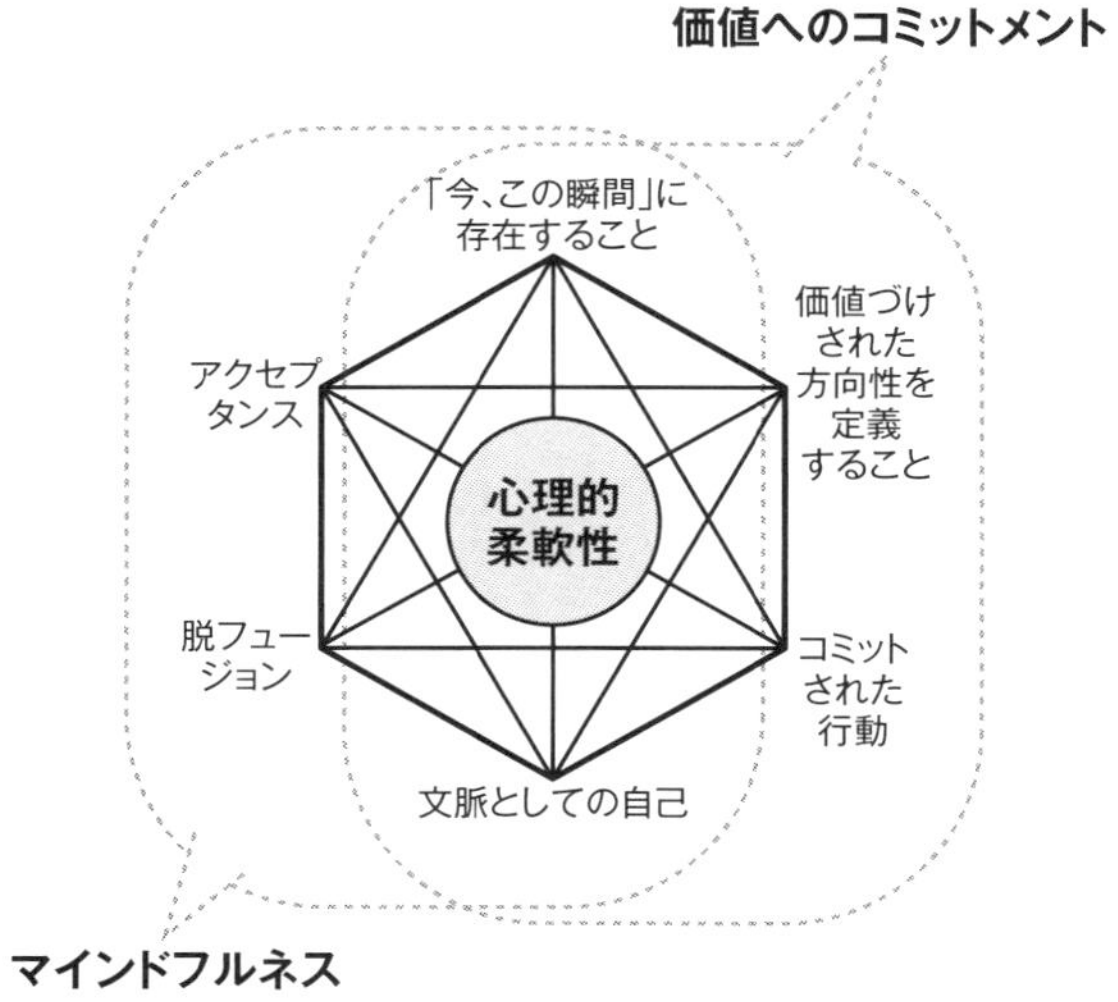

ACT のヘキサフレックス

にあたって陥りやすい危険を指摘しておくことは重要です。もちろん前述のように、これらのスキルなしにも神は事を行なわれるということを踏まえておくことは必要ですが、それに付随することとして、これらのスキルを使用するにあたって、人間自身が自分の手柄を生み出そうとする誘惑に、警戒を怠ってはならないということです。神の言葉を人間の所有にしてしまう危険が、神学には常に背中合わせに存在し、神から聞き続けることの中で神学の作業をするために、バルトが弁証法的運動という手法を用いたように、心理学的な言語構成体を用いるに当たっても、一定の工夫が必要になります。つまり、何もしないことが何かをすることになる危険、価値の追求が成果の追求になる危険をかわしていくための工夫です。

人間の言語は常にルールや法則になりやすく、今この瞬間に起こっている現実の体験を、体験とすることなく見過ごしてしまうという弊害があります。たとえば、「冬だからオーバーを着る」という言葉がルール化すると、陽光降りそそぐ暖かい冬の日に、汗をかきながらしっかりとオーバーで身を固めていることになります。心理学的な言語構成体の場合も同様で、今この瞬間に理論なり思考なりを絶えず手放していく中で、それらが神によって却下されたり採用されたりする出来事に、センシティブかつオープンでなければなりません。(70)

（70）ＡＣＴの哲学的基盤には機能文脈主義と呼ばれるものがあります。これは人間の言語的構成体をその

まとめ

信仰の立場からすれば、人間の力で心の問題を解決しようとする心理学は、神の助けを待ち望む牧会には採用できないもののように思われます。つまり、パストラル・カウンセリングなどというものがそもそも成り立つのかという問いがあるわけです。けれども同じ心の問題を扱う限り重なる部分もある。その重なりがこれまではファジーなままでした。この両者を単に安易に折衷するのではなく、きちんとした理路の中で統合していくために三つの段階で論を進めてまいりました。はじめに信仰の特徴として、万事をご自身の主権のもとに行われる神に道を譲る姿勢が求められること。第二に、聖書と教会の神学は、この神の主権的な業に従うために努力し、自らの言葉の不完全性を指し示すことを通して、神の言葉に道を譲る工夫をしてきた先輩であるということ。第三に、牧会において心理学を援用するにあたっても、これらの先輩のやり方にならって、同様の自己否定的な契機をもつ弁証法的な営みが求められるということです。

ではその営みに用いようとする心理学的な理論と実践――マインドフルネスや価値へのコミットメントのスキル及び六つのコア・プロセス――とはどのようなものでしょうか。次章以下でこれらをさらに詳しく説明していきましょう。

有用性のみから評価し、そこに実在的な真理を想定することはしません。この哲学的な態度も、人間の言葉や思惟の絶対化を絶えず手放すという神学的な態度に貢献しうるものと考えます。

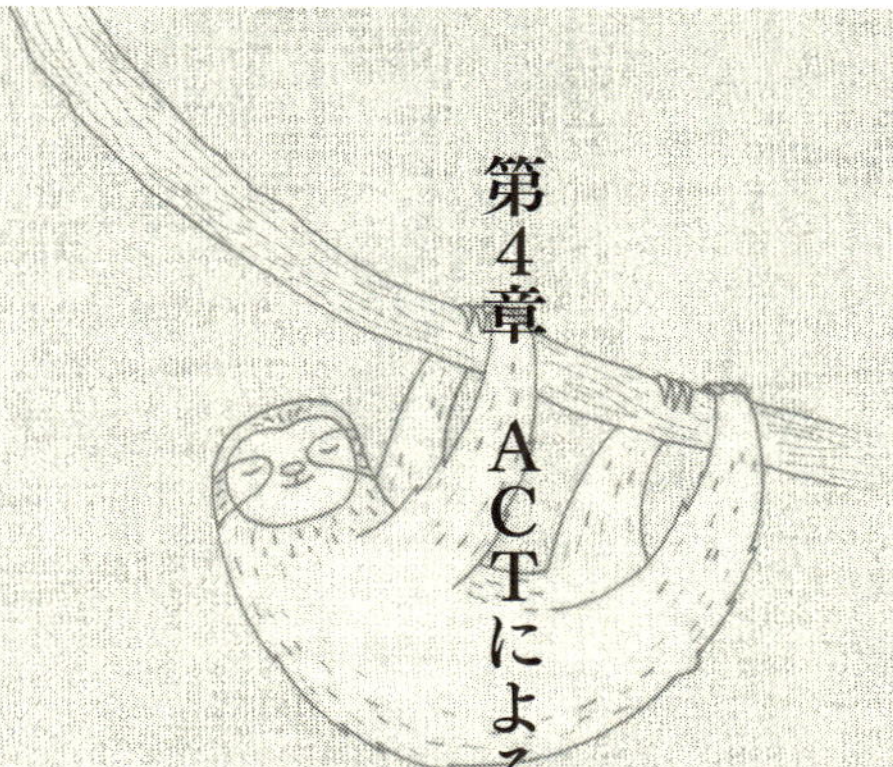

第4章　ACTによるパストラル・カウンセリングの全体像

心理学にしても心理療法にしても近代以後の人間中心主義的な世界観から発達したものであって、それらの目的は牧会本来の目的とは相容れないものです。しかし、人間についての心理学的な知見や技術の進歩を無視することは、もはやできません。そこで前章では、これらを牧会の中に位置づけるために、どのような使用が可能であるかを、牧会のニーズの側から特定する作業を行いました。苦しみの解決を神に委ねること、神から与えられた使命を感知し行動することの二つです。そして、これらにふさわしいものとして心理学の側から提供できる技法としてマインドフルネスと価値へのコミットメントをあげました。つまり贖罪と新生の恵みに応える心理学的な手法としては、この2つだけに限定してしまおうということです。この両スキルを別個に論じるに先立って、ACTにおいて両者がパストラル・カウンセリングの場面で具体的にどのように関係し合うか、その全体像を概観します。

第1節　ACTによるパストラル・カウンセリング

パストラル・カウンセリングの目的は人々が苦しみをキリストにゆだねキリストの使命を身に帯びて生きることに奉仕することでした。それは人々が自分の苦しみにとらわれず、その時々に与えられる使命に気づき行動する自由を得ることを意味します。このような自由は、ＡＣＴという心理療法の目的と重なる部分があります。ＡＣＴもまた、ストレスにとらわれず価値を選び行動することのできる心理的柔軟性の獲得を目的とするからです。このＡＣＴの目的は牧会の目的と親和性があるのではないかと私は考えています。このＡＣＴのスキルを牧会で拝借しようというわけです。

はじめにＡＣＴの方法を使ったパストラル・カウンセリングの事例を挙げてみましょう。この事例は事実に基づいて構成されてはいますが、完全なフィクションであることを申し添えておきます。

【事例】　勉強する気になれません（中３　男子）

自分は小さいころから、面倒くさがりで先延ばしにする癖があり、なんでも中途半端で最後まできっちりやり遂げたことがありません。最近は、スマホをいじってばかりで勉強しないので、成績がすごく悪くなってしまいました。親に勉強のことを言われると、「自分でやろうと思っていたのに！　言われたからやりたくなくなった！」と、怒鳴ってしまいます。そして、こんな情けない自分が嫌になるのです。どうしたらいいでしょうか。

セッション1

牧　師：勉強しなければと思いつつも、どうしてもやる気にならない。それで成績が下がってきて、何とかしたいと思っているのですね。
中3男子：はい。
牧　師：これまで勉強するためにいろいろやってきたと思うのですが、どんなことをやってきましたか？
中3男子：勉強する時間を決めたり、計画を立てたり……。
牧　師：で……どうでした？
中3男子：無理でした。決めた時間になっても、億劫で、やりたくなくなるのです。
牧　師：億劫というのはどんな感覚ですか？
中3男子：胸のあたりにジリジリした重苦しさがあります。
牧　師：それで、どうします？
中3男子：スマホをいじったり、マンガを読んだり……。
牧　師：スマホやマンガで、億劫な気持ちはどうなっていますか？
中3男子：え？　……そう……そのときは消えています。

牧　師：その後、どうなりますか？
中3男子：いつの間にか夜中になっていて、少ししか勉強しないか、全くしないで寝てしまいます。
牧　師：そういう日が続くと、勉強も遅れてきますよね。そうなると勉強に向かう時の億劫さはどのように変化しますか。
中3男子：ハードル高くなります。
牧　師：なるほど。ではここであなたに起こっていることを整理したいのですが、いいですか？
中3男子：はい。

セッション2

牧　師：億劫さをなくして勉強する気にならなければ、勉強に取りかかれないと考え、少しだけと思ってスマホをすると、それがズルズルと夜中までやってしまう。
中3男子：はい。
牧　師：それで勉強が遅れると、ますます勉強が大変に思え、取りかかるのがますます億劫になる。

中３男子：その通りです。

牧　師：つまりこういうことですね。勉強をしようとする時に感じる重苦しさを、あなたが自分で解決しようとすると、スマホに没頭せざるをえなくなり勉強どころではなくなる。それで勉強が遅れて、ますます億劫になり、それをなくすためにますますスマホに頼る。

中３男子：はぁ、そういうことですね。

牧　師：では、勉強する前に感じる重苦しさを完全になくす方法は他にあるでしょうか？

中３男子：思いつきません。どうすればいいのでしょう。

牧　師：わたしにも分かりません。でもどうでしょう、もしその重苦しさがあるままで、それが勉強するという行動に影響を与えないようにすることができるとしたら……。

中３男子：えっ、どういうことですか？

牧　師：つまり、勉強する気になれないまま、勉強をするということです。

中３男子：（ますます当惑した表情で）えっ、そんなことできるんですか？

牧　師：はい。億劫な気持ちを抱えながら、勉強に取りかかるということは、全く可能です。興味がありますか？

セッション3

中３男子：（身をのりだして）ええ、とっても。
牧　師：要は勉強しようとするときに感じる重苦しさを、自分で解消しようとせずに、イエスにお任せするということです。
中３男子：（心の中で）『えっ、ここで神頼みかよ。』
牧　師：奇妙に思われるかもしれませんが、これはマインドフルネスという古代から伝わる祈りの方法で、現代の科学でも効果が実証されています。これを身につければ、他の悩みにも応用でき、苦しいことがあっても、それを抱えながら、価値ある行動ができるようになります。
中３男子：どんなことをするんですか？むずかしそうですね。
牧　師：むずかしいことは少しもありません。大きく二つのことをします。一つは苦しみを抱えられるような心の体質を作ることです。これは我慢ではありませんので、くれぐれもまちがえないでください ね。二つ目は、価値を明確にするということ、つまり自分が本当に大切にしたいことは何かということを明確にするということです。やってみますか？

中3男子：はい、教えてほしいです。

このカウンセリングで目指しているのは、マインドフルネスを伴う祈りの指導と聖書の学びを通して、二つの姿勢を身につけてもらうことです。第一は、苦しみが襲ってきても、それをなくそうとするワンパターンの、また衝動的な、回避行動をとることが少なくなること、つまり苦しみに振り回されない自由を得ることです。それと相まって、第二に、本当に大切なことは成績が上がることではなく、神の恵みに応えることだと理解してもらうことです。つまり、たとえ勉強が追いつかなくても、成果ではなく、あきらめずにひたむきに努力する姿勢こそが重要であり、人生の一瞬一瞬でこの姿勢を貫くことこそが目指すべきものであるという理解です。この姿勢は結果を神にゆだね自分はすべきことをする信仰の姿勢であり（ルカ17・10）、それを価値として行動する姿勢から活力が生まれ、自信と充実感につながることを実感してもらうことができます。

このカウンセリングをもう一度解説つきで振り返ってみましょう。図1は少年の悪循環に陥っている問題を示しています。はじめに勉強を妨げているバリアとして心の重苦しさがあります。

少年には、この自分の心の苦しさに気づいてもらいことが第一です。これには身体感覚への気づきを高める瞑想によって心の苦しさを身体的に感じ取るようにという助言が役に立ちます。少年はこれを、胸のあたりにある「ジリジリした重苦しさ」と表現しました。彼にはこの重苦しさを無くすことが先決問題になっています。その一番手頃で効果的な方法がスマホで、てきめんの効果があります。スマホをいじっているうちは気分が良いのです。けれどもこの効果は短期的で、あっという間に時間が経ってしまい、自己嫌悪に苛まれるようになり、長期的には、勉強するという少年にとって価値ある行動ができない状態が続き、やる気が萎えて勉強へのハードルがさらに高くなります。こうして勉強に向かうときの憂うつな気分が募っていくのです。この状態は苦痛が少年をコントロールしているのであって、少年は自分がやりたいと思

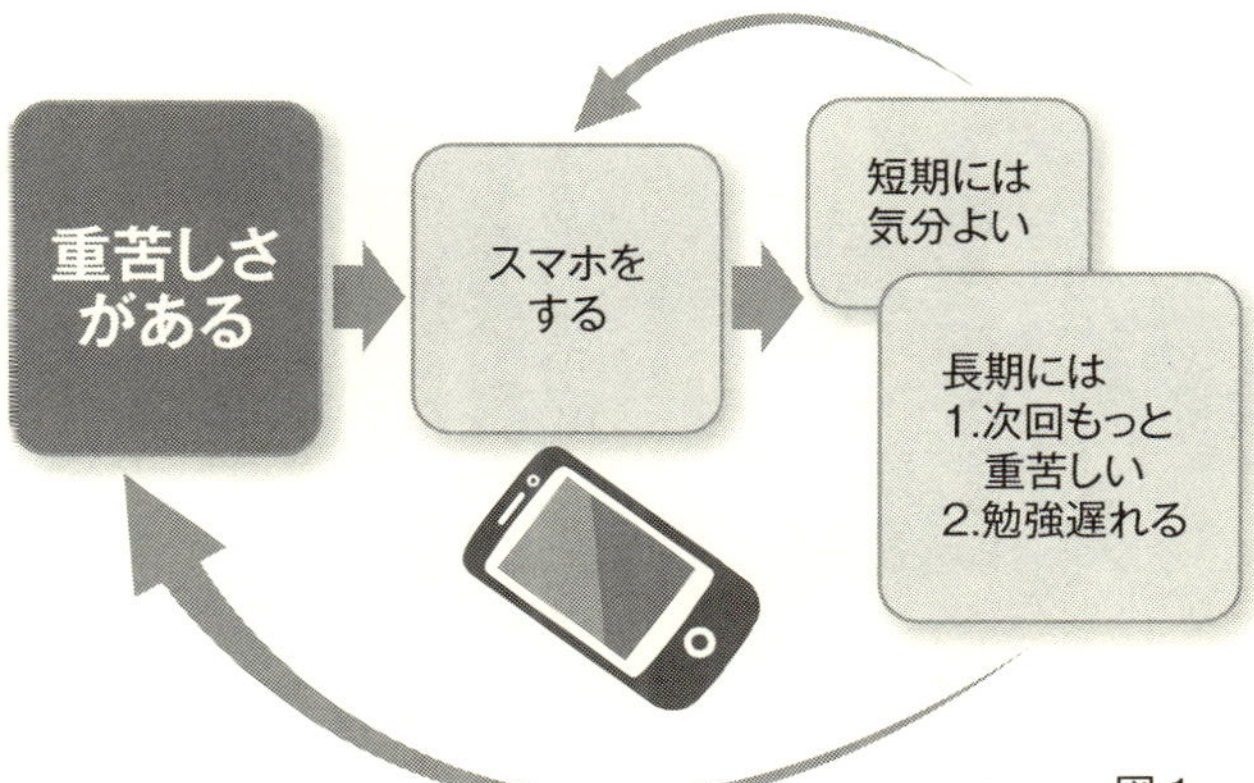

図１

うことをする自由を奪われた状態にあります。

この悪循環を断ち切り苦痛の支配から脱して価値に向かう自由を得ることがカウンセリングの目的です。図2はその解決を示しています。第一に、勉強を始めようとするときの億劫さを、なくそうとせずそのままにしておくことができるように訓練します。スマホいじりをするのは、実は、億劫さがあるからではなく、それをなくそうとするからだということに気づく必要があります。ですから、スマホいじりをしないためには、「苦痛をそのままにしておく」ことができなければなりません。ここにはパラドックスがあります。つまり、なくそうとすれば増える、なくそうとしなければ減る。勉強に向かうことができるようになるために、少年に必要なのは、まず「苦痛を抱える」力を養うことです。いま「力」と言いましたが、苦痛と戦うことをやめる

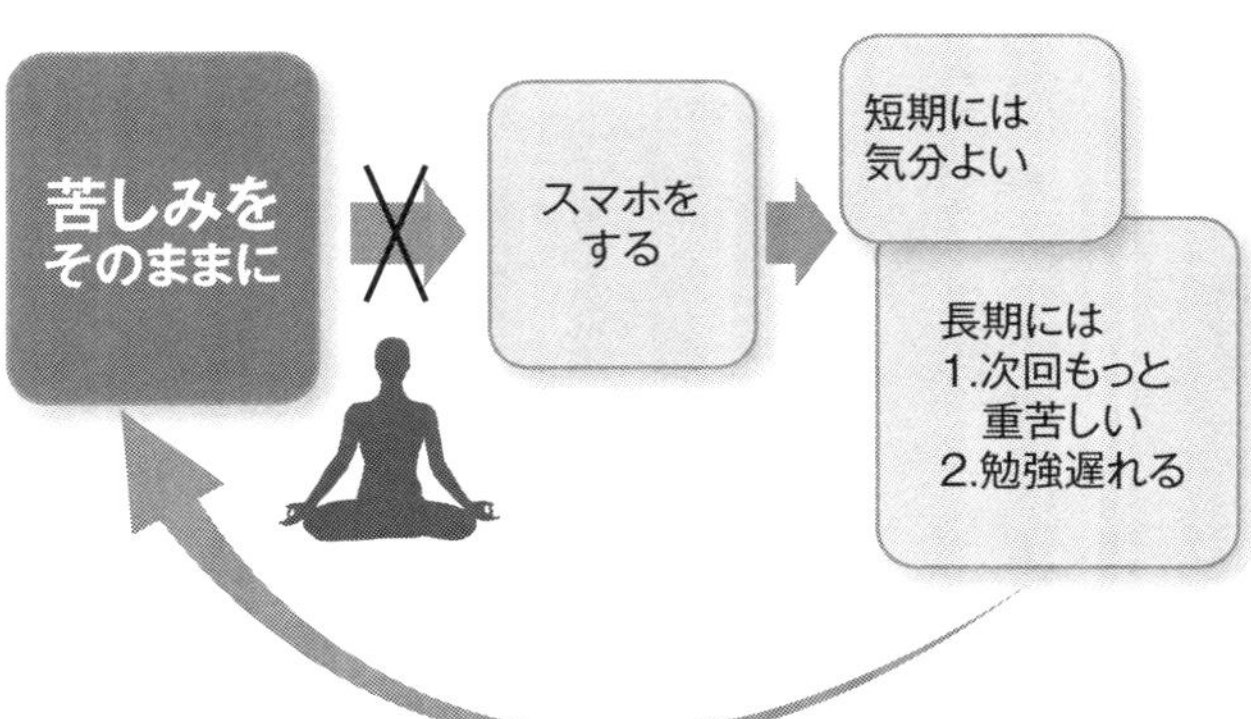

図2

わけですから実際には「脱力」です。この脱力が、マインドフルネス、祈りの心です。苦しみに対して、自分からは何もせず、キリストに委ねる。そうすることで、スマホという自己解決の道を断つのです。

自己解決を手放すことで、行動の自由が生まれます。この自由の中で、次にすべきことは、価値に向かって行動することです（図3）。少年にとって勉強は大切な価値です。彼はこの大切なことを、自分の意志で選び取らなければなりません。はじめの一歩が肝心です。車が動き出すとき、動き始めが一番動力を要するように、勉強もはじめの一歩が一番苦しいのです。このとき、さしあたって、心の重苦しさは極限に達します。けれども車が動くのと同じように、弾みがつくとだんだんやりやすくなります。このように億劫な抵抗感は最後までなくなりませんが、マインドフルネスで抱える力（脱力）が

図３

ついているので踏み出せるようになるのです。心のはずみ車が働き出すと、活力が生まれ、充実感と自信が湧いてきます。こうして徐々に悪循環が消えていきます。

第2節　心理的柔軟性モデル

前述のカウンセリング事例はACTの心理的柔軟性モデルに基づいています。[71] ACTは心理療法の中でも行動療法にそのルーツを持っています。[72] 行動療法はスキナーらの学習理論をベースにした第一世代、そこに認知療法を加えた第二世代（認知行動療法）、そしてマインドフルネス認知行動療法、弁証法的認知行動療法、ACTの第三世代、という具合に進化してきました。ACTは心理的柔軟性を獲得することを目的としていま

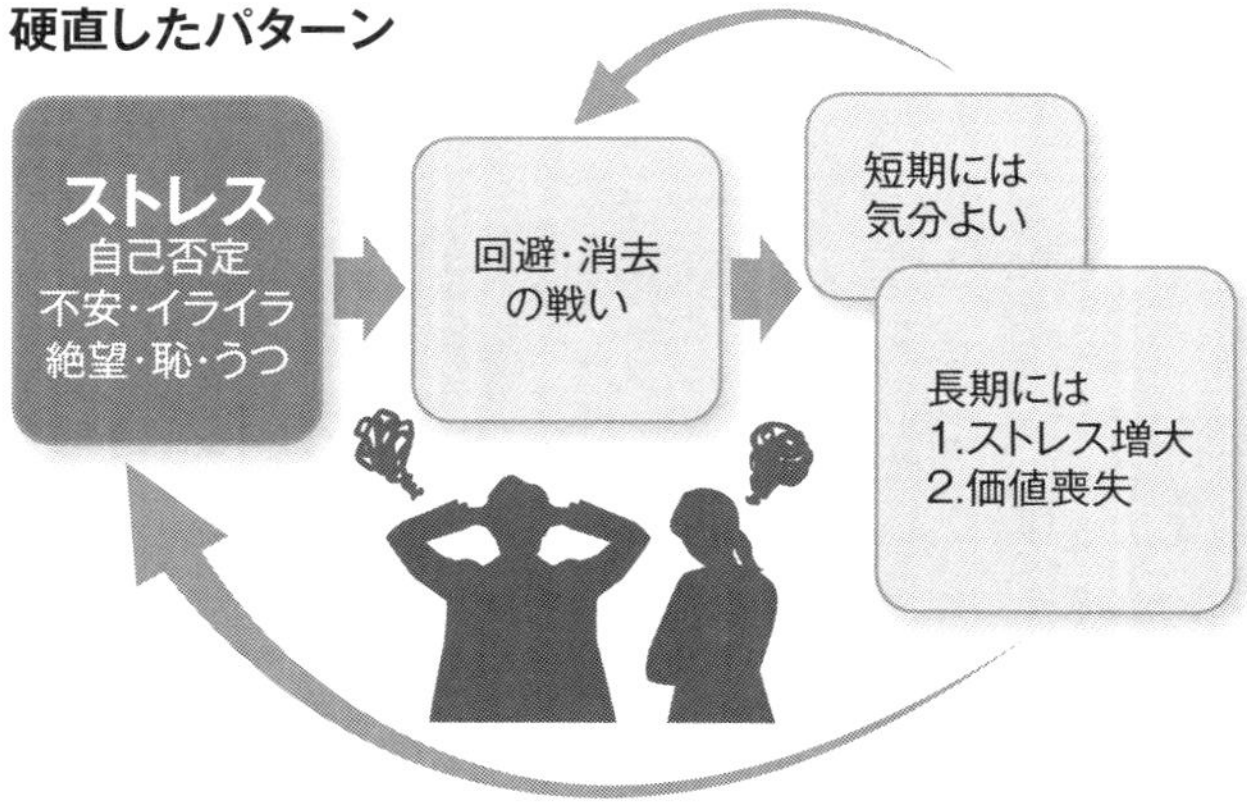

図 4

す。その全体像を図4と図5で示しています。

はじめに病理的な、ないしは問題のこじれた状態の心理的非柔軟性について説明します。図4は、わたしたちの心理的問題を、苦痛な感情や思考を回避したり消去したりしようとする試みが逆に苦痛を増大させてしまうパラドックスとして表しています。はじめに苦痛な感情や苦痛をもたらす思考へのとらわれがあります。つぎにこれを消去もしくは回避するために、避ける、紛らわす、考える、利用するなどの行動が現れます。これらは短期的には成功するので、これらの行動の出現頻度が上がります。けれどもその効果は一時的で、逆に二つのネガティブな結果が生じます。第一は、最初の苦痛が増大してしまうということ。第二は、回避行動で費やす労力や時間のために価値ある行動ができなくなっていくという問題です。このような自由を欠いた行動パターンは、苦しみが価値遂行のために事前に解消しておかなければならない問題として、より重

(71) 第3章、第3節、図「ACTのヘキサフレックス」参照。

(72) 心理療法には、行動心理学の他に、フロイトに始まる精神力動論と、カール・ロジャーズなどを代表者とする人間性心理学の流れがあります。キリスト教の牧師やカウンセラーにとっては、精神力動や人間性心理学の方が馴染み深く、親和性があるように思われがちですが、むしろ実証的な科学である行動療法のほうが神学的営みである牧会に援用できることに、わたしは驚きを感じています。

要性を帯び、解消に失敗すればするほど雪ダルマ式にその解消の重要度が増してくるという悪循環によって維持されます。のどに刺さった魚の小骨はご飯を食べているうちに抜けてしまうことも多いのですが、これが抜けるまでは一切食べられないと思い込み、骨を抜こうと格闘しながら、お腹をすかした状態でいるのと似ています。

この状態から抜け出し心理的柔軟性に向かう方法が図5で表されています。まずマインドフルネスによって苦痛な思考や感情に手をつけずそのまま隔離することで、衝動的なパターン行動に至らせる影響を遮断し、苦痛を無害化します。次いでそこにできた余力で価値ある行動を選択して実行します。すると苦痛はそのまま残りますが、隔離されているので無害ですから、長期的な結果として価値ある行動からくる活力が生まれ、悪循環は断ち切られるのです。[73]

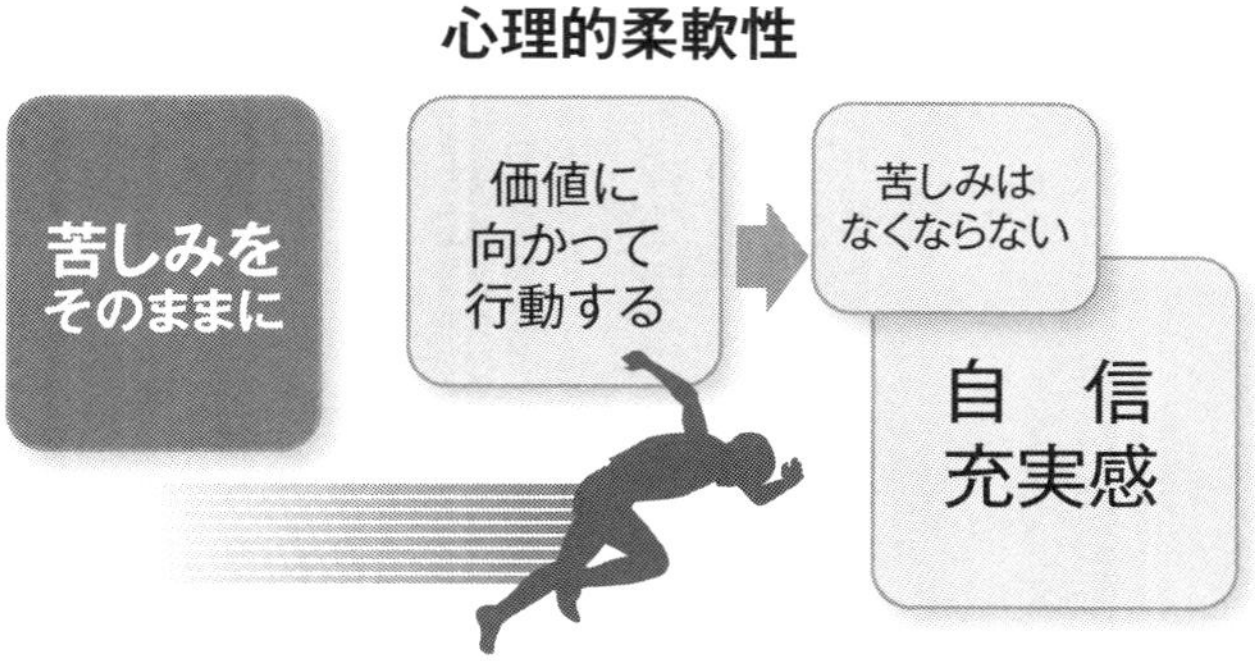

図5

煎じつめて言えば、苦痛を抱えながら価値を目指すことができる自由度、つまり心理的柔軟性を高めていこうというのがＡＣＴの目標です。ＡＣＴの名称も、苦痛をそのままに抱えるという意味のアクセプタンスと、価値にコミットするという意味から来ています。以下にこのアクセプタンスにマインドフルネスがどのように関わってくるのか、また価値へのコミットメントということで言われている「価値」とはどのようなものなのかについて簡単に説明しましょう。

マインドフルネスの使用

マインドフルネスについては後ほど詳述しますが、その大意は今この瞬間に起こっていることをありのままに受け止めることです。ＡＣＴではそのスキルを、苦痛を抱えるスキルとして用いていきます。わたしたちはストレスを本能的に避けようとします。しかしその回避行動をすればするほど、わたしたちはストレスの正体を知ることから遠ざかってしまいます。ストレスは好ましいものではありませんが、かといってなにがなんでも回避もしくは消去しなければならないものではありません。

(73) インターネット上には "Struggling with internal hijackers" の表題で動画がアップロードされています。大変わかりやすいものなので、ぜひご参照ください。

図（ゴミの怪物）

のかどうかはよくよく考えてみなければなりません。しかしながら目を背けていただけでは、その危険度を感知する能力はいつまでたっても養われないことになるでしょう。そればかりか、回避を続けていると、ますますそのストレスが恐ろしい化け物のように感じ恐怖心が募ってきます。そこでマインドフルネスの出番です。マインドフルな状態で思い切ってストレスをじっくり観察すると、当初怪物に思えたストレスが実は不快ではあるが耐えられないほどのものではないことがわかってきます。「ゴミの怪物」はＡＣＴでよく用いられるメタファー[74]で空き缶などの不要物で作ったモンスターのことです。こんなものがぬうっと目の前に現れたなら、それはもう恐怖で一目散に逃げ出してしまいたくなるでしょう。けれどそこに踏みとどまって、よく見てみればどうでしょう。それはただのゴミで、確かに好きにはなれないかもしれませんが、逃げ出すほどのものでもないことがわかるでしょう。このように、マインドフルネスによって、苦しみは何をおい

ても最優先で対処しなければならない最重要事項という思い込みを減らしていくことができます。そして、そうなると回避行動の代わりに自分にとって大切な行動を取る自由度が高まるでしょう。

価値について

価値についてもその詳細は後の章で詳しく説明します。ここではＡＣＴの療法の中で言われている「価値」とはどのようなものかについて要点のみをお話しします。価値は、苦痛を抱えても追求したいこと、あるいはそれを追求するためには苦痛を抱えざるを得ないところのものです。つまり、先に説明したレビンのツボ（60頁）のように、苦痛と価値とは表裏一体になっているのです。その価値は個人にとっての生きがいであり生きる意味です。「個人にとっての」ということは、他人が、親や先生が、あるいは社会や道徳が、個人に押しつけてくるものではありま

(74) メタファーは、「隠喩」、「暗喩」などと訳されますが、簡単に言えば「たとえ」のことです。ＡＣＴではことばで得た知識は硬直的で場に応じた柔軟性を欠き、体験的な理解が持つ臨機応変な知恵にはならないという考えから、少しでも体験的理解に近づけるために、言葉によらず直感的に合点が行くメタファーを使います。

せん。心の底から湧き上がってくる自発的なものだということです。

したがって価値は自分の行動、自分ができる行動です。何かの状態や誰かにしてもらうこと、あるいは自分にはできないことも、確かに大切になることはあるかもしれませんが、ＡＣＴの言う価値ではありません。

もっと言えば、できるかどうかあてにならないことは価値ではありません。価値には確実性が伴います。ここで注意しなければならないのは、自分の行動が目指す結果は価値ではないということです。なぜなら求める結果は常に確実なものとは限らないからです。確実なのは今この瞬間に自分にできる行動だけです。たとえば「第一志望合格」というような目標は価値ではありません。では「粘り強く勉強する」とか「理解しようと難問に向き合う」はどうでしょうか。これなら、苦しみを抱えることさえできれば、個人にとって今この瞬間にでもできる確実な行動になりますから価値になります。つまり価値は結果にコミットすることではないのです。ＡＣＴの価値は将来ではなく今ここにあるものなのです。

このように価値を追求していくことの中には、自分のエネルギーを使っているという実感が伴うことになります。つまり、その行動自体が報酬になるのです。たとえば勉強の報酬は勉強自体の面白さであって、合格ではないということです。

ＡＣＴの療法の中では、確かに具体的な目標のゴール設定をいたしますが、それはむしろ価値に生きるために暫定的に設定するもので、本来の生きる目的は、人生の一瞬一瞬で価値に向かっているその方向性を維持することです。「第一志望合格」は、その人の偏差値によって、何パーセント達成と評価できるかもしれませんが、「諦めないで難問に向き合う」という態度は、その方向を向いている限り、常に100パーセント達成です。具体的な目標は達成してしまえば消えて無くなりますが、価値は生きる限り永遠にその人のものです。誤解を恐れず言うならば、価値は完全であり永遠なのです。

ですから価値を目指す人生は、できないと分かり切っていることにもチャレンジする勇気を与えます。このように価値は人間の打算を超えた創造的な生命力を生み出します。自分の人生の中でどんなにダメージを受けたとしても、年老いて様々な機能を失っていくとしても、その人なりの価値を目指すことで、その人なりの活力を持つことができるのです。ＡＣＴは、ほとんどの精神疾患に適用できる心理療法であると言われるのも、この価値という観点から見ていくならば、ご理解いただけるのではないでしょうか。

ＡＣＴは苦痛を抱えながら価値を追求できる心理的柔軟性の獲得を目指します。そしてわたしたちは自分の十字架を負ってイエスに従うというパストラル・カウンセリングのモデルにこのACTモデルを援用しようとするわけです。心の苦しみをイエスに委ねるためには、心の苦しみに対して自分からは何もしない力、自分の負っている十字架をそのままにしておく「脱力」が必要です。同時にイエスに従い神の国と神の義を求めるということは、自分からは達成することができないと分かり切っていることに対しても果敢にチャレンジする胆力が必要です。もちろんACTが救いをもたらすのではありません。神が人間の苦しみをご自分のこととしてくださり、やがて神の国を来らせてくださるということは、ACTであれ、牧会であれ、人間が創り出したものに出来ることではありません。しかし神の業を待ち望み、それに備える人間の業に、ACTという道具を用いることはできるのではないか、というのがわたしの考えです。この章の締めくくりとして申し上げたいわたしの仮説はこうです。

神との関係に生きる人格的な人間であるために、主にゆだね自分からは何もしない無為の姿勢をマインドフルネスで貫き、主の再臨の証しとしてできないと分かっていることにチャレンジする敢為の姿勢を価値へのコミットメントで貫く、つまり信仰の生活をACTによって貫くことができる。

第5章　ストレス回避の害

「牧会」は神の業に呼応する人間の業の一つです。そして神が何をなされたのかと言えば、それは人間の苦しみをご自分のこととされたということ、つまり苦しみの主体たることを人間から取り上げ、自ら苦しみの「主」として、人間を従わせつつ、苦しみと表裏をなす義の業をなさるということでした。この業に呼応するものの一つが牧会です。

ですから牧会では人間の苦しみを神との関係で見ることになります。つまり、苦しみをただ苦しみと見るのではなく、神が担われているものとして見る。言い換えれば、苦しみをただネガティブなものとしてではなく、神の義というポジティブなものを生み出すものとして見るということです。神はわたしたちの主として、わたしたちと共に苦しみ、わたしたちを義へと導かれるのです。だからこそイエスは、わたしたちに「自分の十字架」を負うように求め（マタイ10・38、16・24、マルコ8・34、ルカ9・23、14・27）、その苦しみをなくそうと「思い悩む」のではなく、「神の国」「神の義」を求めるように命じられたのです（マタイ6・25以下、ルカ12・22以下）。

このように信仰を前提にした場合、人間の苦しみはそれがどのようなものであっても積極的な意味を持つことになります。苦しみを抱えながら、それでも人生を肯定し、隣人を肯定し、世界とその歴史・未来を肯定する意志となること――つまり、人格である神の呼びかけに呼応することで自分も人格となること――これが生きる意味であり人生の目的です。そしてこの人格の成長を助けるのがパストラル・カウンセリングの使命です。具体的には、苦しみとなるストレスに適切に対処しつつ（我慢ではありません）、そこにある個々の価値にコミットできるように支援するということです。

さて、私たちが豊かで活力に満ちた生活をおくるために、ストレスがある程度積極的な役割を果たしているということは、専門家の間ではよく知られている事実ですが、一般には、ストレスは好ましいものではなく、むしろ害となるものであり、できるだけ回避すべきもの、あるいは軽減すべきものと考えられているのではないでしょうか。ストレスが原因で様々の精神疾患だけでなく、高血圧、糖尿病、心臓病、腎臓病、脳梗塞など身体的な病気のリスクが高まるとも言われています。けれども本当にそうでしょうか。実際には、ストレスの直接的な影響よりも、ストレスを回避しようとする行動の方が悪影響を与えている可能性が示唆されています。[75]

ストレスを悪者扱いすることで不健康なストレスの回避が助長される傾向が私たちの文化の中にあるのは残念ながら事実であると言わなければなりません。また、牧師であれカウンセラーであれ、自分が支援しようとしている相手のストレスを軽減してあげることができなければ、自分の職務を全うしていないのではないかという思いになることも珍しくありません。こうした文

（75）ケリー・マクゴニガル著『スタンフォードのストレスを力に変える教科書』（大和書房、２０１５年）

化傾向や支援者の衝動は、相手を肯定的な人格として癒し成長を助ける妨げとなるばかりでなく、様々の精神疾患や社会不適応という病理の温床でさえあるのです。

人間的な成長のためには、回避し軽減すべきストレスと、担うべきストレスとを見分け、担うべきストレスにはしっかり向き合うことが不可欠です。また援助のために人と関わるということは、人々のストレスと関わるということであり、ストレス軽減へ向かう衝動に注意深くあらねばならぬということでもあります。ストレスに対して冷静になり、これを忌避する傾向に抗い、進んで（ウィリングに）受け止めることを学ぶ必要があります。そのためにこの章では、ストレスというものが、どのようなメカニズムで害となり、またならないのかを、心理学的な観点から学びます。

第1節　自然なストレス増加——シンボル機能

体に痛みがあるのは癒すべきものがあるというサインです。これと同様に、心に苦しみがあるのは解決すべき問題があるというメッセージです。人間の脳は問題解決マシーンです。この働きを心理学では「マインド」と呼んでいます。人間にはライオンのような力もなければ、シカのように速く走ることも、鳥のように空を飛ぶこともできません。それなのに地上のどんな動物よりも適応力を発揮できるのは、この問題解決マシーンのおかげです。

けれどもこのよくできたマインドにも苦手なものがあります。それは心の外部の物理的な問題には大変な力を発揮するのですが、心の内部の問題、心理的問題を扱うのがとても苦手なのです。たとえば、不眠に悩む人がいたとして、「よし、なんとしても眠ってやろう」と決意してさまざまな解決法を考えはじめると、脳はますます覚醒して眠れなくなります。うつで悩む人がうつをなくそうとして考えはじめると、脳はますます疲労して悪化します。自信を持とうと努力するには、自信のなさを動機として絶えず心に留めていなければなりません。火で火は消せないように、マインドでマインドの問題を解決することはできないのです。それでも人間にはマインドを万能視してしまう傾向があり、それでさらに問題をこじらせてしまうのです。光を求める蛾が、炎に飛び込むようなことが起こらないよう、心理的な問題はマインドでは決して解決できないその仕組みをしっかり把握しておくことが大切です。

人間のストレスの増加には二種類あります。一つは自然なストレス増加。もう一つは人為的なストレス増加です。はじめに自然なストレス増加についてみていきましょう。

他の動物と比べると人間の方がストレスが高いような気がしませんか。猫を見ていて羨ましくなることはありませんか。もちろん犬や猫にストレスがないわけはありませんが、同じようなストレスに遭遇しても人間のほうがはるかに大きなストレスに膨れ上がってしまうのです。どうしてそうなのでしょう。

人間も動物も行動の結果で学習します。ある行動が良い結果を生み出せば、その行動は増えていきますし、逆に悪い結果になるとその行動は減っていきます。[76] つまり学習には体験がものをいうということです。ところが人間は体験以外にも学習することができます。それは言葉による学習です。そしてその言語の内面化したものが思考、これが「マインド」です。

人間の言語の発達の元にあるのは、あるものと別のあるものを関係づける働きです。たとえば、雨が降ったときに雨よけに使う道具をさしながらお母さんが［kasa］と発音したとします。すると子どもは「☂→［kasa］」という結びつきを学習します。けれども実はここがすごいところなのですが、雨降りの日になるとこどもは「［kasa］を持っていく」と言うでしょう。つまり「［kasa］→☂」という逆の結びつきのパターンを、教えられなくとも身につけてしまっているということです（図1参照）。「なあんだ、そんなこと当たり前じゃない」と思われる方もいるかもしれませんが、人間以外の動物ではこれができません。うちで飼っていた猫のタマは、わたしが「タマちゃ～ん」と言いながら餌の袋を手にとってガサガサさせただけで、どこからともなくチリンチ

図１

リンと首の鈴を鳴らしながらやって来ました。「飼い主→餌」を学習しているからです。だからエサが欲しいときはわたしにすり寄ってきます。ところが、飼い主に会いたいために餌を求めるなどということはしません。「餌→飼い主」の結びつきはできないからです。しかしこれが産まれたばかりのわたしの孫なら、「おかあさん→オッパイ」のつながりを何回か体験するだけで、お腹が空いていなくても甘えたいときには泣いてオッパイを求めるでしょう。「オッパイ→おかあさん」のつながりを体験なしに派生的に学習しているからです。（これは肥満の原因にもなるので注意が必要ですが。）このつながりのおかげでお母さんの助けが欲しいときに、とりあえずオッパイを求める行動をすればよいわけで、生存率は猫よりもダントツに高くなるでしょう。

体験なしにあるものと別の物ものとを関係づけるという働きは他にもあります。先ほどの例で言えば、先ず[kasa]を「傘」という文字と結びつけることができま

(76)「良い」結果、「悪い」結果というのは後で判断したことであって、ただ事実を見る限りでは良いも悪いもありません。ただその結果がその後起こる行動の頻度を上げたか下げたかというだけです。この行動頻度を上げる結果のことを「強化」と言い、下げる結果のことを「弱化」と言います。

す。すると「傘」が自動的に［kasa］と結びつきます。さらに不思議なことに「傘」という漢字をみただけで☂を思い浮かべ、☂から「傘」が関係づけられます。つまり図2のような三角関係ができあがるのです。

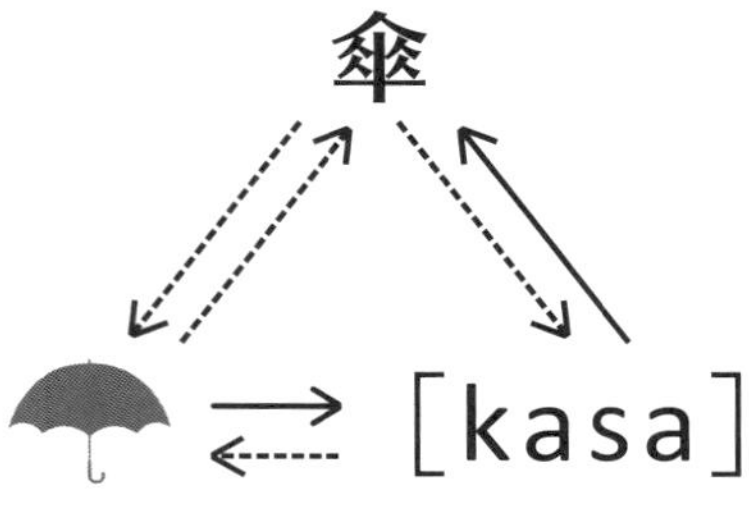

図2

そればかりではなく、三角形のそれぞれの頂点にあるもの同士が、本来無関係であったのにも関わらず、同じ働きをするようになってゆくのです。たとえば傘が嫌いな人がいたとします。傘を持つ度にこの上ない煩わしさを感じていたからです。この人にとって☂は「面倒」という気分を引き起こす機能をもっているのです。すると、［kasa］という音声にも面倒な気持ちを引き起こす機能が付着して、忘れないように思い起こすことが「面倒」になります。結果的に持参した傘の存在を忘れてしまうということになります。気持ちを引き起こす機能が音声に転換され、［kasa］音を無視する習性が、☂を無視することに転換するのです(図3)。反対に何かの理由で傘が好きで好きでたまらない人は、どんなときでも忘れることはないでしょう。☂の部分にご自分の苦手なものや嗜好するものを当てはめてみれば容易にご理解いただけるものと思います。たとえば「うめぼし」と聞いただけで唾液が出てくるでしょう。

このような仕組みで、人間の場合、ものごとの結びつきが意識の中で非常な勢いで縦横無尽に拡大していきます。この機能があったからこそ人間を生存競争に生き残らせてきたのです。☂と［kasa］のつながりには何の必然性もありません。その証拠に☂は英語では“umbrella”です。関係のないもの同士を関係あるものと見立てる機能。これはある意味、嘘をつく能力とも言えるでしょう。実際の体験なしにもものごとのつながりを見立てる能力のことを、心理学では「シンボル機能」と言い、これが「言語」の習得の基礎にあるものです。言語というシンボルは人間に情報の伝達力や内面化した言語、つまり思考（マインド）の力を飛躍的に高めましたが、こうしたメリットがある一方問題も生んでしまいました。

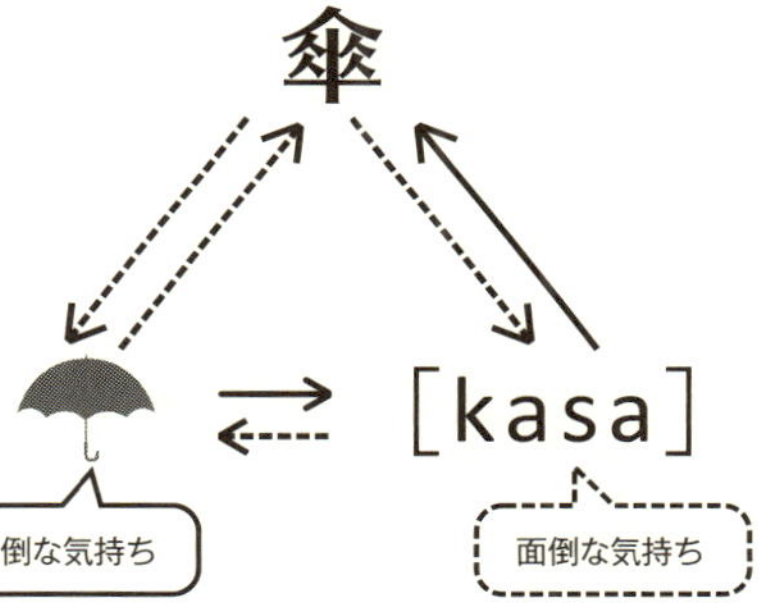

図３

それが苦しみの増大するメカニズムなのです[77]。

先ほど、「あたりまえ」と思っていたことが実はすごいことだと申し上げましたが、まだ納得していない方がおられるかもしれません。あたりまえと思っていたことが、よく考えてみるとわからない、ということがあるのではないでしょうか。ではなぜ「あたりまえ」と思うのでしょうか。これもまた不思議なことです。「いやいや、それは慣れっこになっているからだ。」と言われるかもしれませんが、それならなぜ慣れっこになるのでしょうか。その答えは、「人間の思考は自動化されているから」です。自動化し無意識に起こることなので不思議とも何とも思わなくなるのです。このシンボル機能は、どんなものでも関係づける自動操縦の機械のようなものです。意識する0・5秒前にこの結合を終えているとする実験結果もあり、勝手にどんどん繋がっていきます。

ちょと実験してみましょう。なんでもいいですから無関係なものを二つ選んでください。ではこの二つを、どんな屁理屈でもいいので、関係づけてください。たとえばわたしは今デスクの上にある眼鏡と万年筆を選び、こんな風に関係づけました。「この近眼用メガネをかけると万年筆に表示されている文字が見えなくなる。」ほら、つながったでしょう。他にもありますよ。「このメガネと万年筆の色は同系色だなあ。」こんな具合に、なんでもかんでもくっつけて関連づけてしまう。すごいと思いませんか？　さらにこのメガネと万年筆は皆さんにこの仕組みを説明するツールとして大切なセットになってしまいました。はじめは全く関係のなかったもの同士が、切っても切れない縁で結ばれてしまうのです。頭の中は常に連想ゲーム、次から次へといろいろな連想がわき起こっています。太古の昔からわたしたち人間が地球上で生きていくために、脳はこのすごいことをどんどんやってくれているのです。

---

(77) シンボル機能の代表である言語、ことに内言語（マインド）の重要な性質に触れておきます。端的にいってマインドには実体がないということです。あくまでマインドは、現実に存在するものを音声に見立て、それが神経系で電気信号に変換されたものです。見立てる能力は嘘をつく能力でもあると申し上げたように、ある意味、マインドは虚構であり現実ではありません。［kasa］は音声であって、実際に雨が降ってきたときに、どんなに［kasa］と唱えても、雨をしのげるはずがありません。ところがわたしたちはマインドに悩まされます。過去の後悔、未来の不安…どれもこれも今この瞬間には存在しません。複雑な現実を言語だけで言い表すには限界があります。どんなに正確さを期したところでどこか違う、いや相当に違うはずです。こう考えると、悩んでいたことがバカらしくなりませんか。人間の言葉はあくまでもシンボル、ある意味虚構なのです。そんなものに悩まされる必要はありません。あとで詳しく触れますが、言葉の虚構性に気づくことを「脱フュージョン」と言い、悩みからの解放を促します。信仰を与えられた者にとっては、人間の言葉を真に受けるよりも、現実を造り出す神の言葉に信頼することで救われることになります。

ところがこれが困ったことにもなります。例えば何か苦しいことが頭に浮かんできたとしたら。この考えに色々なものが結びついてしまいます。すると今度はその結びついたものが苦しみを思い出す引き金に変容するのです。忘れたいのに忘れられないということが起こってきます。かつて昔の恋人に似た人を街角で見かけ、心が痛んだという経験はありませんか。かつて桜が満開の季節に、ある親しくしていた老婦人が亡くなりました。わたしは桜を見るたびにその人の人生を思いだしてしまいます。何年か前に腰痛で入院しましたが、その時聴いていたオスカー・ピーターソンのピアノ曲を聴く度に、あのときの悲壮感がよみがえってきます。このように人間の苦痛は、歳を追うごとに、自動的に増えてゆくものなのです。

けれども、苦痛はただ増える一方かというとそうでもありません。実は喜びの連想もわいてくるのです。3・11の震災の遺構を残すべきか否かという議論がありました。無くして欲しいという人は、「つらいことを思い出すから」と言うでしょう。けれども無くしたからといって思い出さないわけがありません。むしろ辛いことを思い出さないよう、きっかけになるものを避け続けると、生活の範囲がどんどん狭まってしまいます。むしろそのつらい思い出を抱えながら人生を前に進めることで、思い出に対してポジティブなものの結びつきが増えていくのです。たとえば「時間の経過」が結びつくと「こんなに時間が経ったのに、あの人のことを思い出すのは、それだけあの人が大切で素晴らしい人だったからだ」という感謝の思いがわいてくるようになるかもしれません。悲しみと感謝、この全く相入れないと思われたものが、深い意味を持って結びつくのです。時間が忘れさせてくれるのではありません。忘れないからこそつらい出来事に新しい意味が加わっていくのです。つらいけれども忘れないでいることでしか、その大きな喪失を克服する道はありません。

シンボル機能による自然なストレスの増加。これは人間である限り仕方のないことです。言語の発達した人間が他の動物よりも苦しみを膨らませてしまうというのは、こういうわけなのです。苦しみは決して無くなりません。そればかりか増えていきます。それでも、苦しみを受け入れていくことで、そこに人生の味わい深さが生まれてくるのです。最も決定的な意味深さは、苦しみの中で主イエスを見出すということ。そこに私たちは神と共にある自分を見出すのです。これがパストラル・カウンセリングの真骨頂と言えるかもしれません。反対に自力でストレスを無くそう、避けよう、感じないようにしようとすると、神とのつながりという神秘をとらえ損なうばかりでなく、別の問題が起こってきます。それが次にお話しする人為的なストレス増加です。

第2節 人為的なストレス増加

前説で述べたストレス増加は、マインドの自動化された連想によるものでした。それでこれをACTでは「クリーンな苦しみ」と呼んでいます。これは心の「痛み」の段階といっても良いでしょう。ところがこれを無くそうとすることで、心の「傷」になってしまうというメカニズムがあるのです。この心の傷になってしまった苦しみを「ダーティーな苦しみ」と言います。心の痛みを取り除こうとするのは、すりむいたひざ小僧が痛いからといって、その痛みを取り除くために患部にナイフを突き刺して切除しようとするようなものです。この傷になるダーティーな苦しみは、「痛みの増加」と「価値の減少」という二つの問題から起こります。

回避すると痛みが増加する

人間はほぼ本能的にストレスを回避もしくは消去しようとします。その方法にはいくつかあります。わたしはこれを「まさかり」と覚えるようにしています。「まぎらわす」、「さける」、「かんがえる」、「りようする」の語頭の音で、「まさかり」です。

嫌なことから気をそらして「まぎらわす」こととしては、たとえば、テレビを見る、ゲームをする、買い物をするなどがあります。

「避ける」こととしては、不快な気分になる人、場所、活動、状況を避けることがあります。広場恐怖症の人は、人混みの中に入っていくのを避けるでしょう。交通事故に遭った場所には行かないという人もいます。そのためにわざわざ時間をかけて遠回りするのです。

最も一般的な回避は「考える」です。人を責める、心配する、過去を振り返る、妄想にふける、将来を展望する、問題を解決する、計画を立てる、自分を批判する、分析する、理解しようとする、よく考える、否認する、言い訳を考える……。

「利用する」こととしては、アルコール、薬物、リストカットなどの依存です。これを持ってさえいれば大丈夫、とりあえず苦しみを乗り切れる、というものが依存です。わたしは一時期、イライラしたときの特効薬としてチョコレートをいつもカバンに入れて持ち歩いていました。その結果があまりかんばしいものではなかったことは、わたしの体型を想像すればお分かりになると思います。危険度の高いものもあれば、許容範囲と言えるものもあるかもしれません。

わたしはなにもこれら全てがダメだと言っているのではありません。言いたいことは、こうしたストレス回避行動による、ストレス低減の効果は一時的で、長期的にはむしろ増大している場合が多いということ、そして自分がそうありたいと願う生き方にはつながらないということです。他人に迷惑をかけ自己嫌悪に陥るような深刻な事態に追い込まれるリスクすらあります。

ストレスの回避によって逆にストレスが増えてしまうパラドックス効果の良い例がうつ病です。うつは「考える」行動によって引き起こされる症状です。人が何かを考えるとき、そこには必ず目標があります。わたしたちのマインドは絶えず現在の状況と望む状況との間の比較を行っています。そして、この二つの状況の「差」(discrepancy)を縮めるように考え行動するのです。「差」があるとき、苦しい感情が起こり、思考が活性化します。「差」が小さくなればマインドは問題解決モードから悠々自適モードに切り替わり、次の「差」が出現するまでおとなしくしています。

考え行動した結果、なかなか目標に行き着けないとき、特にその目標が大切なものであればあるほど、その「差」に執着し、解決の道を検索し続けます。これがいわゆる「反芻思考」あるいはただ「反芻」と呼ばれるものです。これがうつを助長する張本人です。牛が飲み下したものを吐き戻してさらに噛み砕くように、堂々巡りの思考を繰り返します。

このマインドの反芻思考は先にも申し上げた通り自動思考で、わたしたちの意志とは無関係にそれ自体の目的を持って展開していきます。大変に優れた問題解決マシーンですから問題を根本までとことん掘り下げます。まず心の苦しみをなくさなければならない理由に思い至ります。このままにはしておけない！ いまに大変なことになるかもしれない！ などと最悪のことを考えます。そうすることで、考え続ける動機づけがしっかり固まります。つまりストレスを極限まで高めるのです。

次に反芻思考は、問題の分析を始めます。問題を鮮明に浮かび上がらせ、明確に定義するのです。問題を取り除くために、それをしっかりと把握しなければなりません。我を忘れて問題に没入していきます。そうすればするほど、問題は恐ろしい様相を呈してくるではありませんか。皮肉なことに、問題は自分が最優先で関わるべき最も重要なものになるのです。先程、人間のシンボル機能は事物と事物を「ものすごい勢いでどんどん」結びつけてくれると言いましたが、そのおかげで何を見ても気が重くなり、結局何が原因で鬱になっているのかさえわからなくなっていくのです。

マインドはとても賢いので、考え続けてもどうしようのないことさえ認識することができます。「こんなことを考えていても拉致があかない。そうだ、考えるのはやめよう！」そしてついに考えるのをやめます。すると、上手くいくではありませんか。「よしよし、上手くいった。これであのことは考えないですんだぞ。」おっと、その瞬間、あのことを思い出していませんか。一時的に成功しても、その成功を確認し評価するのがマインドの勤めですから、当然そうするのです。実際、考えるのをやめると、後で余計そのことを考えてしまうという実験結果もあります。どんなに努力しても苦痛は無くならないので、だんだんイライラし、ついには落胆し、自分を責め、人生を呪い、世をはかなむことになります。いつも思考の中心には現状と理想との間のギャップがあり、その「差」をなくさなければ「人生はじまらない」と考え、さらに必死になり、ついには自分自身の根本的欠陥に思い至り、こんなギャップだらけのただ苦しいだけの人生を送る欠陥人間には存在意義がないと考えだします。

ではもし成功していたらどうなるでしょう。考えた結果、ついに問題が解決しました。それでも思考マシーンはスイッチを切ろうとしません。二度とこういうことが起こらないように、根本的解決をしておかなければ安心できなくなります。いい加減にはしておけません！ そこで思考の反芻は、根源まで突き進みます。「何が悪かったのか？」「自分には何か根本的な問題があるのではないか？」成功してもネガティブ思考は止まることを知りません。今度は原因のわからないうつ状態が始まります。失敗しても成功しても無間地獄。アダムとエバに神が決して食べてはならないと命じた「知識」が、どれほど恐ろしいものであることか。

ストレスをなくそうとして一時的な満足を求めるための、「まさかり」――まぎらわすこと、避けること、考えること、利用すること――が、長期的に見れば、苦痛を増し、痛みから傷へと至らせることがお分かりいただけたでしょうか。[78] この回避による負のスパイラルと並行してもう一つの苦しみがあります。それが「価値の減少」です。

回避すると価値が減少する

人間の成長とは何でしょうか。身体的な成長、心の成長、知識の成長、技能の成長。いろいろなことが考えられるようになり、できるようになること。「参加レパートリー」という言葉があります。これは、人間の成長を、個人の中だけの成長と捉えるのではなく、その個人が社会の中で持っている役割のレパートリー（参加レパートリー）が増えていくこととして捉える際のキーワードです。このように人間の成長を捉える場合、成長は右肩上がりのグラフのように捉えるの

(78) この苦しみの増加が自分の中だけで止まらずに、他人や社会にまで広がってしまうという現実があります。これはこの本のテーマではありませんので、詳しくは触れませんが、倫理の問題として忘れてはならない牧会の課題であることに言及しておきます。わたしたちが更に快適な生活を追及することで、エネルギー問題、アンフェアーなトレード、自然環境の破壊など地球規模の苦痛の増加と個人の苦痛の増加とは関連があるとわたしは考えています。

ではなく、図４のように円が広がっていくイメージでとらえるのがよいでしょう。

図４で示した黒いギザギザはストレスを引き起こすもの（ストレッサー）だと考えてください。そして描かれている円はわたしたちの生活領域だとします。子どものうちは生活領域が狭いのでストレッサーはそう多くはありません。けれども成長すれば生活領域の円は大きくなっていきます。するとその中に入るストレッサーも当然増えていきます。このとき、ストレスは嫌だといって回避すればどうなるでしょうか。円は狭まります。生活領域が狭まります。そうなると社会の中での役割は減少していき、孤立し、生きがいが失われます。

ＰＴＡの役員になることを気嫌いする保護者がいます。ＰＴＡは教育における民主主義の大切な

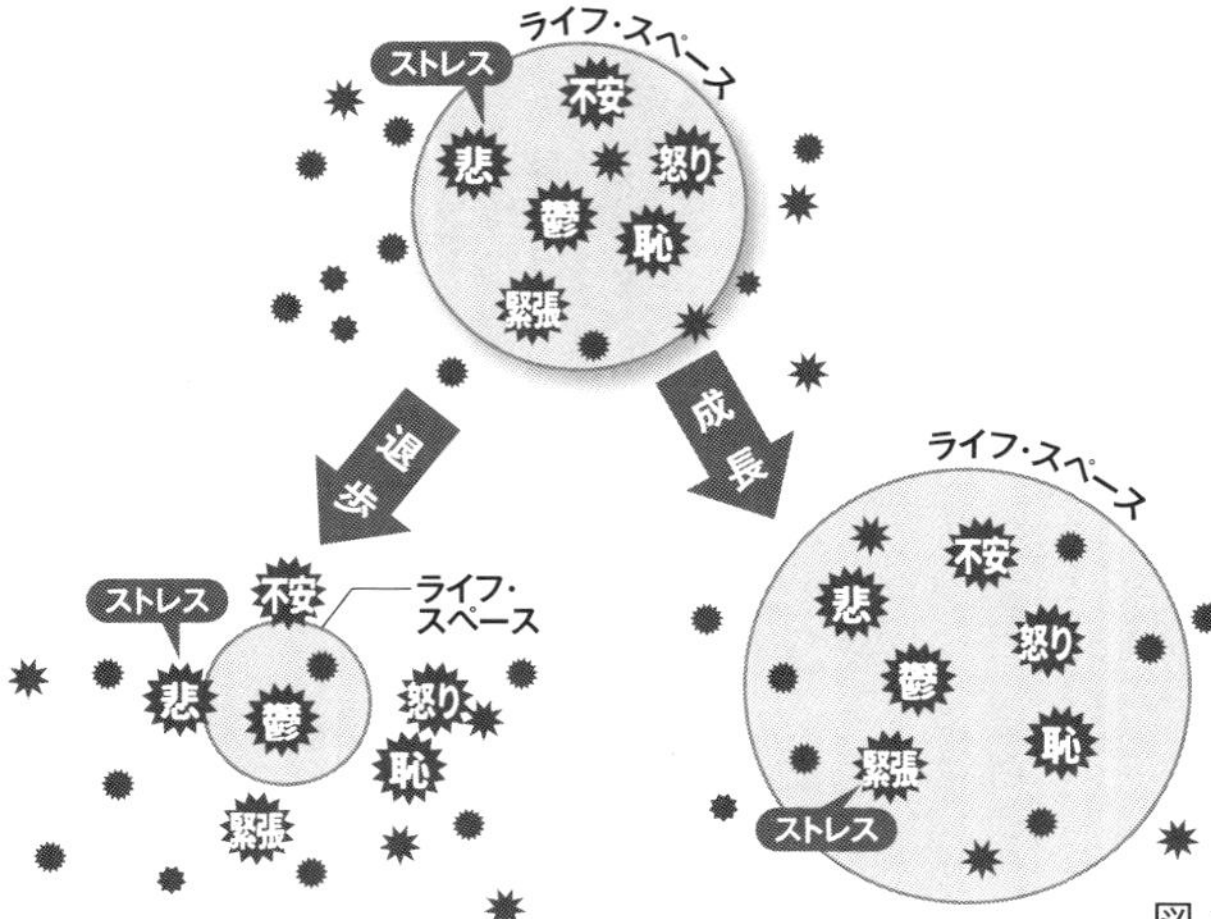

図４

仕組みの一つですが、役員の仕事をする煩わしさを嫌うことで、社会の成り立ちや仕組みを学び、親としても人間としても成長しながら、良い教育を社会の構成員として築いていく大切な機会（参加レパートリー）を放棄しているようで残念です。

もうひとつ図を見てみましょう（図５）。この図の角丸四角形も生活領域を示しています。そしてこの角丸四角形の中には隣にいる人物の生活の全てが入っているとしましょう。その中には良

図５

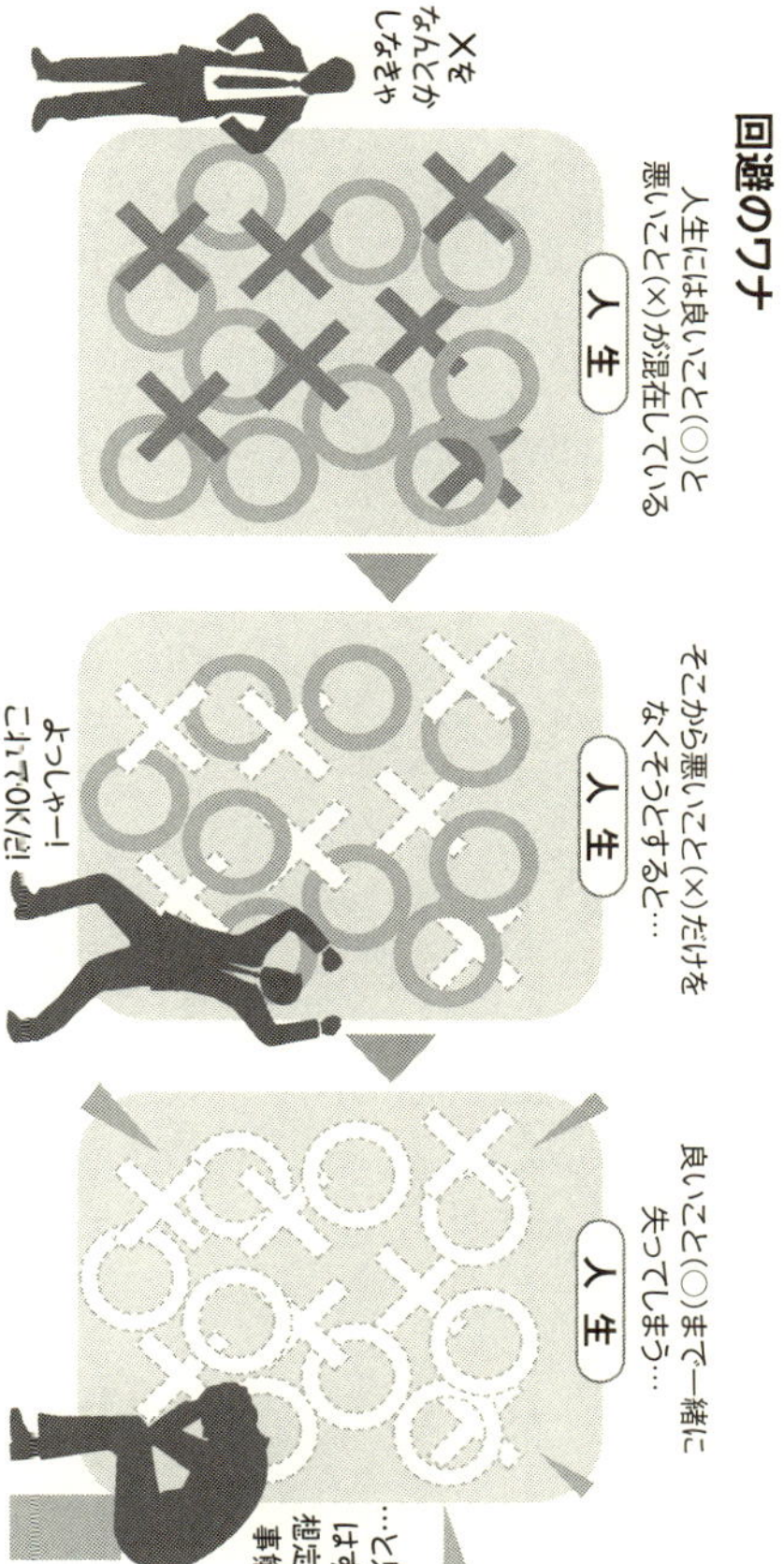

いこともあれば（良いことは〇で示しています）、悪いこともあります（悪いことは×で示しています）。さてもしこの人が図のように「×は嫌だ」と言ってそれを避けようとするとどうなるでしょうか。実は、〇と×とは密接につながっていて切り離すことはできません。この人は×をドブに捨てることで、人生のたくさんの〇までドブに捨ててしまうことになるのです。西洋のことわざに、“Don't throw the baby out with the bath water.”（赤ん坊を風呂の洗い水と一緒に棄ててはいけない）というのがあるそうですが、まさにそういうことをです。

回避は確かにストレスをなくすための最も手っ取り早い方法ですが、先に説明したように時間が経つとストレスが増大していますし、さらにその人にとって大切な生きがいまで奪ってしまいます。

日本の文化には、嫌な気持ちはないのが健全で、ストレスはコントロールするもの、と前提しているようなところがあります。幼い頃から、「怒ってはいけない」、「泣いてはいけない」とストレスや感情をおさえるよう命じられ、また大人になるとはそういうことだと思いこんでいないでしょうか。外的、物理的な問題はある程度コントロール可能ですから、心の問題も同じようにできるはずだと思いたいのは無理からぬことです。しかも「まさかり」はどれも短期的には効果がありますから、長期的にも苦しみをなくす方法があると考えたい気持ちも理解できます。しかし実際には難しく、むしろそれ自体が問題の根っこになってしまう。コントロールは幻想でしかありません。

最も有効なストレスへの対処法とは、何もしないこと、自然なストレス増加のレベルに留めておくということです。（この対処法については、後の章で詳しく説明します。）「何もしない」というと、びっくりする人も多いかもしれません。なぜなら、わたしたちは「ストレスは身体に悪い」と教えられそのように信じているからです。本当にそうでしょうか。

第3節　ストレスは本当に身体に悪いのか？

スタンフォード大学のケリー・マクゴニガル博士は、『ストレスと友達になる方法』（How to make stress your fiend）というインターネット上の講演TEDで、彼女が行なったストレスに関する大変興味深い調査を紹介しています。[79] それは、アメリカ人成人を対象に毎年三万人を八年間にわたって追跡調査したものです。はじめに参加者に二つの質問をしました。第一は、「ストレスのレベ

(79) ケリー・マクゴニガル、上掲書。

ルはどのくらいですか？」という質問で、これに対して、重度、中等度、軽度の三つの選択肢から回答してもらいます。第二の質問は、「ストレスは健康に対して害があると思いますか？」で、これには“Yes”か“No”で答えてもらいます。その後、アメリカで一般公開されている死亡記録によって参加者全員の生死を確認していきました。

その結果は、前年重度のストレスを感じた人が翌年亡くなる確率は、そうでない人と比べて43％高く、これだけ見れば確かにストレスは健康に害があるということになります。しかしこの数字は、ストレスが身体に悪いと信じていた人だけに当てはまるものでした。反対に重度のストレスを感じながらも、ストレスは健康に何の関係もないと考える人々の死亡率が一番少なかったのです。調査の八年間に亡くなった人の人数は一八万二千人と推定され、その死亡原因はストレスそのものではなく、「ストレスが身体に悪い」と信じたことによると判断されます。亡くなった方を年間二万人と仮定すれば、その数はアメリカ人の死亡原因の実に一五位となり、皮膚ガンや、HIV/AIDS、殺人よりも、「ストレスは身体に害がある」という信念が人の命を奪ったことになります。

マクゴニガル博士によれば、ストレスに対する考え方を変えれば、体の反応が変わります。これを博士は、循環器系とストレスホルモンの観点から説明しています。

循環器系では、ストレスがあると心拍数が上昇し呼吸が速くなります。すると血管の萎縮が起こり、それは循環器系疾患の原因になります。これがよく知られた一般的な身体の反応ですが、ここに情報を入れてやります。つまり「ストレスは身体に悪くない」という情報です。心拍数上昇は、ストレスに対処するための身体の反応、呼吸が早くなるのは、脳に酸素を送っているため。この情報があると、血管の萎縮は起こりません。逆に、喜び、勇気、高揚感が湧いてきます。

ストレスホルモンの一つである女性ホルモンのオキシトシンの作用には次のようなものがあります。助けを求める、社交的になり人間関係が円滑になる、人を助けたいと思う、炎症を抑え自然治癒力を高める、血管の萎縮を妨げる、心臓細胞を再生し強化する。

このように、ストレスがあると身体がそれに対処しようとします。ところが脳の方が、その反応を抑え込もうとすると、身体の中で争いが起こり、それがひいては健康を損なうことになるわけです。ピアノの発表会で上がってしまい、頭が真っ白になって弾けなくなる。それは「上がってはいけない、心臓がドキドキしてはいけない、呼吸は落ち着いてするように」と念じていると、身体の反応と一生懸命戦うことになるからで、そうなるとピアノを弾くどころでなくなるのは理の当然です。そんなときは身体に信頼し、「いいぞ、いいぞ、わたしの心臓！　協力してくれているのね。では、わたしもいっぱい呼吸して、酸素を脳に送りましょう。」という具合に対処するならば、愛と高揚感に満たされて、パフォーマンスも向上しようというものです。

ところでマクゴニガル博士は、もう一つの調査も紹介しています。やはりアメリカ人成人1、000人を五年間追跡調査しました。参加者に二つの質問。一つ目は「ストレスレベルはどのくらい？」これは初めの調査と同じです。二つ目は、「人助けに費やした時間はどのくらい？」というものでした。結果は、同じく重度のストレスを感じた人の死亡率がそうでない人よりも30％増でした。ところが、ストレスを感じながらでも人助けに時間を費やした人の死亡率の増加はどのくらいだったと思いますか。答えは0％。つまり、ストレスを感じなかった人と何ら変わらないという結果が出たのです。「他者を愛する」人はストレスに負けない。「敵を愛せ」というイエスの言葉を裏づける結果のように感じるのはわたしだけでしょうか。

かつて高校の聖書の時間を担当していた時のことです。朝のうちに妻とちょっとした言い争いをして出勤しました。もやもやした気分で授業をしなければなりませんでしたが、その日に限ってどう言う訳か、落ち着いて座っていられないひとりの生徒のことをとてもいとおしく感じ、「お前も苦労しているんだよな」と優しい気持ちになれたのです。まさにわたしにはオキシトシンがたくさん分泌されていたのでしょう。その後その生徒との間に良好な関係が築けたのは言うまでもありません。ある女性は、落ち込んだときの対処法として「帰宅途中、街頭で、少しだけ募金をするの」、と言っていたのを思い出します。ストレスを回避せず、受け止めながら、愛の業を行うと元気になる。人間とは何と素晴らしい生き物なのでしょう。

イエスが私たちに自分の十字架を追うことを命じたということは、あながち不合理なこととは言えないようです。「わたしの軛を負い、わたしに学びなさい。そうすれば、あなたがたは安らぎを得られる。わたしの軛は負いやすく、わたしの荷は軽いからである」（マタイ11・29ａ～30）。

第6章　苦しみをそのままにしておく方法

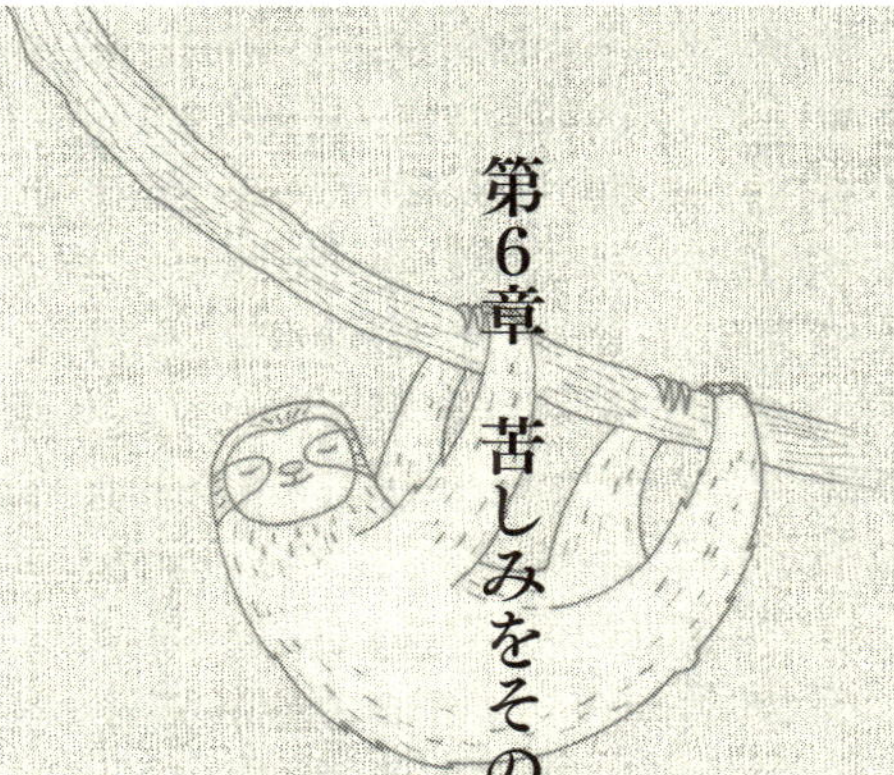

これまで述べてきたパストラル・カウンセリングは信仰の生活を個人的にサポートする奉仕です。信仰の人生において、人は意志の決断をもって万事を――他者も自己も世界も全てを――肯定する人格的な生き方をすることになります。

この生き方は、苦しみの意味を変えます。苦しみはわたしたちの主である神のものとなりました。ですから、その苦しみの背後にある正義を実現される神の行動に、今度はわたしたちが伴う者とされます。心理的な苦しみは自力で回避しようとすればするほど増大していきますが、神と結ばれることで、もはやそのような回避は不要とされるのです。苦しみをそのままにして神に委ね、その背後にある価値を追求するよう神は促し求めておられます。

この信仰生活のチャレンジにACTを援用しようというのがACTによるパストラル・カウンセリングです。ACTでは、マインドフルな自己（今この瞬間の体験である自己と観察する自己）の観点から、苦痛をそのままオープンに受け止めながら（アクセプタンスと脱フュージョン）、価値にコミットする傾向を強めること（価値の明確化とコミットメント）、つまり心理的柔軟性を強めることを目指します。

本章では、信仰生活の「何もしないでいる」という側面に着目し、それに役立つと思われる心理プロセスを説明します（図1参照）。（もう一方の「何でもする」の側面は第8章で扱います。）苦しみに対して何もしないでいるのは簡単なことではありません。神に出会った人間は、主にゆだねることが求められます。けれども人は苦しみに遭遇すると、思わず力が入って衝動的に回避しようとします。「苦しみをそのままに」とは口で言うほど簡単ではありません。「神様にゆだねましょう。」と言われても、苦しさの只中にある人にとっては、さらに難しいことを要求されているような気がするのではないでしょうか。ここでマインドフルネスという心理状態とこれを生み出す技法をツールとして使用することが助けになります。[80] アクセプタンスと脱フュージョンの出番です。

ACTのモデル

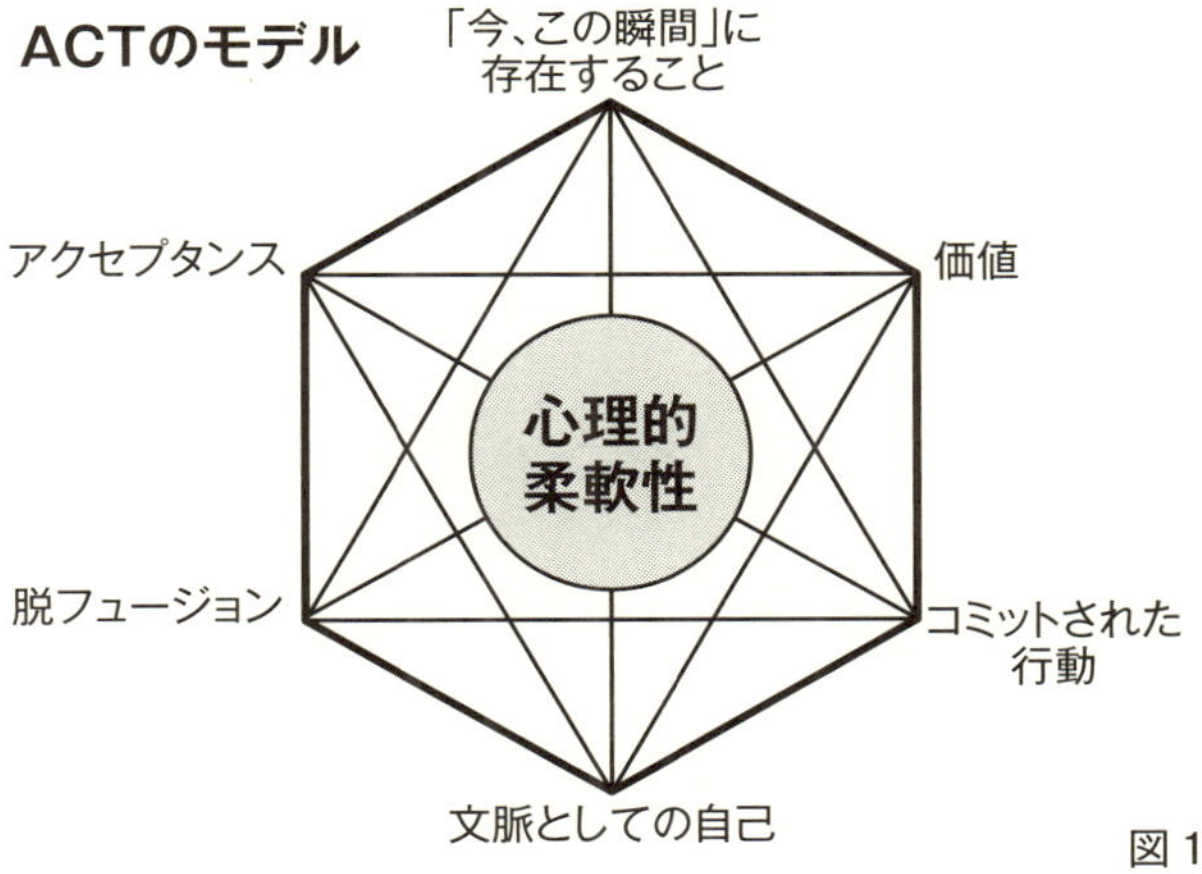

図1

第1節　苦しみの正体――感情と思考

「あなたの悩みは何ですか？」と聞かれたら、何と答えますか。多くの人が、自分の置かれた境遇を説明するのではないでしょうか。来し方を悔い、行く末を悲嘆するのです。けれどもそれがあなたの悩みの本当の姿でしょうか。よく考えてみましょう。それは今この瞬間に起こっていることでしょうか。それはかつて起こったことか、そうでなければこれから起こるかもしれないことではあっても、今この瞬間にそれが緊急の対処事項にはなっていないことが多いものです。つまりその悩みは、あなたの記憶、もしくは予測でしかないのです。もっと言えば、それはあなたの頭の中で起こっていること、脳内の電気的な信号のやり取りでしかないということです。

ではここで、あなたの両手であなたの頭を抱えて目を閉じてみましょう。あなたの手の中の球体を感じてみてください。あなたのその悩みは全人生を覆ってしまうように感じるでしょうが、実際にあなたの手の中にある頭蓋骨から1ミリも外にはみ出してはいないのです。

あなたの悩みの正体は、あなたの思考と感情であって、それ以上でもそれ以下でもありません。あなたの人間関係、社会的立場、経済状況などの問題は、確かにあなたの外にあるようですが、今この瞬間にあなたを苦しめているのは、どこかにいる借金取りではありません。その手の中の球体の内部に走る電気信号なのです。

あなたの悩みを過小評価しているのではありません。まして、悩んでいるあなたを冷やかしているのでもありません。そうではなく、人間の心の苦しみを、その内容ではなく、形式から見るとき、――あるいは、苦しみから世界を見るのではなく、世界の側から苦しみを見るとき――今この瞬間の苦しみの全てが感情と思考に局限されているのが見えてくると言いたいのです。

では苦しみをそのように見ることで、何ができるでしょうか。わたしたちの課題は、苦しみを主にゆだね、主に従うということでした（ルカ9・57～62）。そのためには、苦しみと格闘せずそのままにしておける心理的な体質を訓練し、苦しみに支配されないで（苦痛の無害化）、価値ある行動を選択実行できる自由を獲得すること、これにACTの手法を使ってみましょうということでした。ACTが提供する対処法は、感情については「アクセプタンス」、思考については「脱フュージョン」という手続きを使用します。

(80) もっとも信仰はこのような技法を意識しなくても主にゆだねる聴従を引き起こすでしょう。ここで行おうとしていることは、「五つのパンと二匹の魚」に象徴される無益であろうが精一杯のものを神に差し出そうとする今一つの聴従の業に過ぎないことは、先に述べた通りです。

感情とは、快と不快の二極化した感覚から複雑に分化したもので、その内の不快は「逃走」、「闘争」、「凍結」から分化した非常に複雑な身体感覚です。「腹が立つ」、「胸が痛む」、「断腸の思い」、「ドキドキする」など感情を表すのに身体的な表現が多いのは、単なる比喩ではなく、実際に身体的な感覚と微妙につながっているからだと思われます。感情は本質的には反射に近い身体的反応ですからそれが起こるのをコントロールするのは不可能です。この感情は、一般に短い単語で表現されます。「怒り」、「悲しみ」、「孤独」、「不安」、「自己嫌悪」……といった具合です。この感情を扱う手続きがアクセプタンスです。

思考は、言語発達にともなって発話されなくとも心の中で聞き語れるようになる内言語と、また目で見ていたものを心の中に映写できるようになったイメージないし心象と定義されます。苦痛と関連した思考の例は無数にありますが、たとえば、聴覚的に考える人は「わたしは嫌われている」という音声が頭の中に響いてくるでしょうし、視覚的に考える人はその文字や嫌われている様子を思い浮かべるでしょう。思考も感情と同様で、自動化されたものですから、考えが浮かんでこないようにしたり、その考えを消去したりすることは不可能です。この思考を取捨選択して効果的に扱う方法が脱フュージョンです。

第2節　アクセプタンス

感情は自然に発生するもので、苦痛な感情が起こるのを制止したり押さえ込んだりすると、逆にその感情が長引いたり強さが増したりするということを前章でお話ししました。たとえ感じないふりをしていても、無意識に行動化してしまいます。感情はそもそもコントロールするものではなく、味わうものです。むしろしっかり味わえば行動化しないで済みます。

たとえば怒りは、「怒ってはいけない」と抑え込むと、感情を意識の外に締め出すことになり自分の怒りについて無知のままになります。ないはずのものに対処することはできません。するとその感情に支配され、思わぬところで怒りが爆発してしまうのです。けれども、怒りをじっくりと観察して、その特徴がどういうものであるかを知っている人は、怒りを自分の中に感じても、それをそのまま抱えることができるようになり、むやみに外に出さないでいることができるのです。

おまけに感情を無理に抑え込む労力がいらなくなるので、自分が大切にしていること（価値）に取り組む余力も出てきます。このように、感情を存分に感じながら、それに振り回されない状態を作り出すスキルをアクセプタンスと言います。

コンピュータで削除できないウイルスが入り込んでしまったときに、「隔離」という方法を使い、それがほかのプログラムに影響を与えないように無害化できるのをご存知でしょうか。アクセプタンスはこの「隔離」に似ています。感情を十分味わいながらも、行動がそれに牛耳られないように無害化するのです。これはよく、我慢と勘違いされてしまいますが、アクセプタンスは我慢ではありません。力を抜いて、そのままにしておくのです。

我慢でないなら、どうする事なのでしょう。ボクシングに例えるとわかりやすいかもしれません。試合中に今からパンチが来るぞ！　と覚悟するとそのパンチが受け止められるようになります。打たれたくないという態度では試合に勝つことはできませんし、それではただの殴られ損です。覚悟して苦しむのは嫌々我慢するのとは違います。そこには積極性が伴うのです。ACTではアクセプタンスのことを、ウイリングネス言うことも

あります。英語の"willing"には「嫌なことも進んで、いとわないで、自発的に」という意味があります。試合に勝つため、つまり自分にとって大切なこと（価値）を実現するために、嫌なことでも苦しみにウイリングになるのです。どんな方法か、興味が出てきましたか。それでは早速その方法の説明に入りましょう。

アクセプタンスの道具箱（な・い・ひ・ま・も・ふ・れ・あう）

ACTの心理療法家であるラス・ハリス博士は、「アクセプタンスの道具箱」という大変効果的な八つの瞑想のパッケージを紹介しています。(81) わたしはこれについて「ないひまもふれあう」という語呂合わせを作ってみました。ACTのセラピストとして自分自身がマインドフルでいることが不可欠なため、ない暇も惜しんで瞑想と触れ合うようにしているのですが、当然ながらクライアントにも「ないひまもふれあう」ようであってほしいと思います。

ここで実際にみなさんに身につけてほしいことは、スキルを形だけこの通りにすることではなく、感情をそのままにするコツをつかんで頂くのが狙いです。全部を律儀にこなさなければいけないなどと思わないでください。最初の一つか二つだけでも十分に効果があります。少しずつ増

(81) ラス・ハリス著『よくわかるACT――明日から使えるACT入門』（星和書店）参照。

やして熟練していけばよいのです。

手順

（1）ながめる「観察する」
（2）いきを吹き入れる「呼吸」
（3）ひろげる「すき間（心理的空間）を作る」
（4）そのままにする「アクセプタンス」
（5）もの化する「物化」
（6）ふつうと思う「ノーマル化」
（7）れんびん（憐憫）「自分をいたわる」
（8）アウェアネス「意識（awareness）を広げる」

準備

邪魔の入らない静かな部屋で、背筋を伸ばして座ります。座禅のポーズが理想的ですが、椅子に座ってでも大丈夫です。目は閉じるか、一点を見つめます。静かに深く呼吸しながら、しばらく自分の座っている姿勢や身体の各部の身体感覚を意識します。

（1）ながめる「観察する」

感情は非常に複雑な身体感覚です。日頃意識しないその感覚を観察してみましょう。完璧に感じる必要はありません。「なんとなくこの感じかなあ」というくらいでも十分です。

あなたの心の痛みが、身体のどの部分に特に強く感じられるか探ってみましょう。胸、お腹、頭、首、肩、両腕、背中、足元……人によって様々です。

大体の場所が分かったら、その苦痛をじっくりと観察してみましょう。

（2）いきを吹き入れる「呼吸」

深呼吸をしてください。そのとき鼻から入り込んだ新鮮な空気が、その苦しい部分にやさしく入り込む様子をイメージします。

（3）ひろげる「すき間（心理的空間）を作る」

今観察している苦痛に新鮮な空気が流れ込み、身体との間に少しずつすき間を広げていく様子をイメージしましょう。

（4）そのままにする「アクセプタンス」

呼吸を続けながら、しばらくその感情と共にいてください。その感情を追い払おうとせず、そのままにしておけるかやってみましょう。追い払いたい気持ちや抵抗したい気持ちが出てきたならば、その抵抗感や争い騒ぐ気持ちの方にも注目して、それもそのままにしておきましょう。二つの相反する気持ちを、並べたままにしておきます。

（5）もの化する「物化」

その苦痛な感情があたかも物理的な物であるかのようにイメージしてみましょう。液体でしょうか、気体でしょうか、個体でしょうか。大きさは？　形は？　重さはどのくらいでしょうか。色は何色ですか？　匂いはありますか？　どんな匂いですか？　温度はどうでしょう。冷たいですか？　熱いですか？　触った感じは？　表面と内側とで違いがありますか？　一つですか、それとも複数の部分からなっていますか？　動いていますか、それともじっとしていますか？　そのほかにどのような物理的な特徴が感じられますか？

(6)　ふつうと思う「ノーマル化」

その感情があるのは、人間として当たり前です。それがあることを異常と思わず、ノーマル(正常)なことだと考えましょう。

その苦しみが、あなたにとって大切なこと(価値)を指し示しているかもしれません。あるいはその苦しみを抱えることで何か大切な価値を実現できるのかもしれません。その価値は何なのかを考えてみましょう。

思いつかなくても結構です。あまりとらわれずに次に進みましょう。

(7)　れんびん(憐憫)「自分をいたわる」

語呂合わせのために「憐憫」という言葉を使いました。「自己憐憫」などあまり良い意味で使われませんが、ここでは良い意味だと考えてください。この瞑想は、英語で“self-compassion”となります。直訳すれば「自己への共感」です。自分のその感情をいたわるような気持ちでやってみてください。

その感情があるあたりの身体の部分に手を当ててください。その手はあなたを労ってくれる人の手だと想像しましょう。親でしょうか、親友でしょうか、配偶者や、共に生活している人でしょうか。あなたが思い描く誰でも構いません。その手からいたわりと共感が伝わってきます。

この手をイエスの手と考えてもよいです。あるいはイエスがあなたの中にいて、その痛みをあなたと共有していると想像するならば、この瞑想はそのまま祈りになるでしょう。(82)

（8）アウェアネス「意識（awareness）を広げる」

あなたの苦しみはあなたの身体の中にありますが、他の感覚、感情、思考もあるでしょう。そしたものにも気づきを広げ、さらに外の世界にも意識を広げてみましょう。

その苦しみを抱えたまま、身体の様々な感覚を意識してみましょう。その他の感情や思考の存在にも気づいてみましょう。次に気温や部屋の気配を感じ、物音に耳を済ませてみましょう。苦しい感情があるのは身体の中、身体は部屋の中、家の中、そして可能性に満ちた世界の中にあることを意識しましょう。

終了

手足を動かしてみましょう。伸びをしても結構です。目を開けてあたりを見回してみましょう。

外の様子はどうですか。世界や宇宙を感じてみましょう。「はい、おかえりなさい。」

抵抗ボリューム

この瞑想で、あなたの中には苦しい感情を嫌うもう一つ別の感情もあるのに気づかれましたか。この苦痛とこれに抵抗する感情との間に争いがあると、アクセプタンスはなかなかうまくいきません。そこで、このアクセプタンスの道具箱を使って、抵抗する感情のボリュームを下げていく瞑想を次にご紹介します。

はじめに、身体の中にある心の痛みを意識します。つぎに、それを追い出そうとしている抵抗を意識します。その抵抗の強度(ボリューム)を0～10のスケールでどのくらいかを考えます。そのあと、「ないひまもふれあう」をやって、そのボリュームの目盛りがどのくらい下がったかを確認します。これを繰り返す事で、少しずつ抵抗を弱めていくのです。

(82) 贖罪の信仰とは、苦しみの主(ぬし)が誰であるかが、神とあなたとの間で交代したことを信じる信仰です。その苦しみの主はイエスであり、あなたはその従者です。この主客転倒によって、神はイエスにおいてあなたの苦しみをご自分のこととされたのです。このような仕方で神と結ばれたことを信じる決断をするならば、これは立派な祈りです。

ここで注意しいただきたいのは、このエクササイズを行うことで苦痛が軽減されることも起こります。(そうでない場合も、あります。) 軽くなるということは、喜んで良いことですが、このエクササイズの目的は苦痛の軽減ではないということを忘れないでいただきたいのです。苦痛が軽くならないかと思っているうちは、アクセプタンスでもウイリングネスでもありません。下げることを目指すのは、あくまで抵抗ボリュームの方です。

さて、あなたはアクセプタンスがどのくらいできるでしょうか。下の絵のようになれば成功です。

第3節　脱フュージョン

脱フュージョンは苦痛となる思考にとらわれないよ

出て行ってくれ。
そうでないと、
私は何もできない。
そこにいてもいいわ。
私は私で好きな
ことをしてるから。
怪獣と綱引き

うにする方法です。普段わたしたちは思考から見ていますが、脱フュージョンでは思考を見ることをします。

前にも説明したように、思考とはコミュニケーションの手段であった言語が心の中でできるようになった自己内対話です。これをマインドといいます。このマインドは、私たちが世界と関わる時に素晴らしい威力を発揮します。評価、分類、計画、理由づけ、比較、参照などあらゆる知的活動がこれによって可能になります。

そもそもマインドは、人間が危険を察知して問題が起こるのを未然に防いだり、物事の原因を探って問題を解決したりする機能です。つまり問題を察知する強力なセンサー付問題解決マシーンなのです。人間には他の動物ようにこの地球上で身を守って生き残るための特別な器官を持っていません。人間にあるのは、ただ異様に発達したおでこだけです。人間はこの額の中にある脳内のマインドという問題解決マシーンで生き残ってきたのです。「もうすぐ冬になるぞ。毛皮と暖をとる薪を用意しよう。」「狼が出没しているぞ。おんな子どもは外に出すな。男たちは槍を持って退治に出かけるぞ。」原始人ならこんなことを考えたかもしれません。

マインドの厄介な特徴

この人間に備わった問題解決マシーンは非常に強力で、人間を、地球を席巻する動物にしました。けれどもこのマシーン、あまりに強力であるために自分自身をも傷つけてしまいかねない諸刃の剣でもあるのです。その強力さの秘密は、第一に、徹底して防衛的だということです。なんとしても自分を守ろうとするので、基本的にネガティブに傾いてしまう指向性を持っています。「ポジティブに考えよう」という宣伝文句は巷に反乱していますし、自分はポジティブな性格だと吹聴する人もいますが、あまり本気にはしないほうが賢明かもしれません。逆にネガティブに考えてしまうという人、あなたは全く正常です。

第二の特徴は、このマシーンにはオフにするスイッチが付いていないということです。思考は止められません。いつでもどんな危険にも対応できるように完全にオートマチックなのです。止めたと思っても、いつの間にか働き出しています。どんな座禅の達人でも勝手に動き出す思考を止めることはできません。わたしたちにできることがあるとすれば、このマシーンが繰り出す様々な思考を観察して、そこから本当に役にたつ考えを選ぶことだけです。

第三の特徴は、思いついた考えは二度と消えないということです。もちろん忘れたり記憶が薄れたりすることはあるでしょう。けれどもこの忘れるという経験にだまされてはいけません。何らかの理由で脳が破壊されない限り、脳のシナプス結合は、絶えず足し算であって引き算はできません。この方向は不可逆なのです。そして嫌な記憶は、危険を知らせる記憶ですから、どうしても優先順位が高くなります。忘れたいのに忘れられないという悩みはここからきます。でもそれは、病的なのではなくあなたの脳が優秀なだけです。

第四の特徴は、素早いということです。考えはいつの間にかすっと忍び込んで、どんどんと展開しています。考えていることを意識する0・5秒前に考えているという実験の報告があります[83]。鉄壁の自己防衛マシーンだと思いませんか。自分で意識していたのではもう遅いというような危機にも、きちんと対応できる仕組みになっているかのようです。けれどもこれがかえって仇となり、考えてもどしようもないようなことまで考えずにはおれないのです。そして、つい考えてしまって夜も眠れないということも起こってきます。まるであなたを絶対に守ってみせるとけな気に決心している護衛兵のようです。

護衛のたとえはわかりやすいでしょう。あるいは「総理大臣の諮問機関」というメタファーでも良いです。ところがその「諮問機関」も、時に度を越してしまうことがあります。思考は自分がやっている仕事をあなたに認めてもらい、信じてもらう必要があります。そのために護衛や

(83) ベンジャミン・リベット著、下條信輔訳『マインド・タイム：脳と意識の時間』（岩波書店）

諸問機関から転じていつの間にかあなたを支配する独裁者になってしまうのです。それでも足りないとばかりこのマシーンは自分が考え出したアイディアに付加価値をつけ、あなたに買ってもらいたがるのです。その付加価値とは次のようなものです。

- 絶対の真理
- 従うべき命令、もしくはルール
- できるだけ早く取り除かなければならない脅威
- 過去や未来なのに、今起きているように感じさせる
- 重要だから、全神経を集中させなさい
- 悪い影響を与えることがわかっていても、絶対に手放せない

どうですか。あなたのマインドは独裁者になっていませんか。あなたは自分の思考に取り込まれてしまって、ただの道具であるにもかかわらず、あたかもそれがあなた自身であるかのように感じて、言いなりになってはいませんか。この思考が独裁者になっている状態を「認知的フュージョン」と言います。フュージョン（fusion）というのは溶けて結合した状態を表す英語です。認

知的フュージョンとは、あなたのマインドがあなたの自己意識を占領して、あなたと見分けがつかないほどに融合してしまった状態のことであり、統合失調症やパーソナリティ障害など様々な精神疾患は、この状態が極端に優勢になってしまった状態と考えられます。

マインドの限界

マインドは非常に強力ですから、つい「できないことはない」、「なんでもできる」、と万能感を抱いてしまいがちです。しかし実生活の中では限界だらけです。わたしの父は障害者で義足をはめていました。あるとき父はわたしに自転車を買ってくれましたが、いざ乗り方の練習を始める段になって自転車の後ろを押さえることができませんでした。そこで父は、自転車が倒れない理由を言葉で説明してくれたのです。それは倒れる方向にハンドルを切れば良いのだと。論理的にはこの理屈が正しいのです。けれども残念ながらその論理でわたしは自転車に乗ることはできませんでした。実際の体験を通して自転車に乗れるようになったのはだいぶ時が経ってからでした。マインドは、確かに力はありますが、万能ではありません。これにとらわれると、今ここで起こっている現実を見失ってしまいます。

ちょっと実験をしてみましょう。クリップボードにあなたがいま悩んでいることを書いた紙を貼り付けてください。ボードをしっかり持って、その文字が見えるように顔の前にかかげてください。例えば「自分は嫌われている」と書いたならその文字を見つめながら、少しずつ顔に近づけていきます。この接近は、あなたがこの問題を解決しようとして集中度が高まっていく様子を現しています。

さて、そうすると何が起こるでしょうか。あなたの視野は狭まり、周囲の状況が見えなくなっていくでしょう。それは他の情報が目に入らなくなっていくということです。考えれば考えるほど考えが足りなくなっていくというのは皮肉なことです。

さらにそのクリップボードをしっかり掲げてその言葉に夢中になるほど、あなたは両手が塞がってほかの誰かと協力できない状態になっていきます。つまり自分本位の傾向が強まるということです。助けが必要かもしれない状況なのに、ますます孤独になっていく。これもまた皮肉なことです。

さらに目の前にあるその文字に没頭している状態で、何か他のことをしなければならなくなったらどうでしょうか。それが自分にとって価値のある大事なことであっても、全くできないか、できたとしても上の空になることでしょう。これが認知的フュージョンの状態です。

今度は、そのクリップボードを少しずつ顔から遠ざけていくとどうなりますか。だんだん視界が開けてくるでしょう。そばに誰かがいることに気づくようになります。ではクリップボードを膝の上に置いて、手を離してみましょう。「自分は嫌われている」という考えはまだあなたの体にぴったりくっついていますが両手は自由です。これでなすべきことができるようになりました。ACTでは、苦しみの元になっている考えがつきまとっていたとしても、それにとらわれずに大切なことができる状態を作り出すことを目指します。この手続きを「脱フュージョン」と言います。

脱フュージョン

マインドは現実を理解するのに役にたつ道具ですが、頭の中で構築された理屈が全てではありません。万能感を持ってこれにのめり込むと、逆に現実から離れてしまいます。特にマインドはネガティブ指向ですから、世界はますます危険なものに思え、自分のこともダメ人間に思えてきます。マインドはとかく人生を暗く見せるものです。ときにはマインドから世界を見るのではなく、体験的・直感的に見ることも必要になります。マインドというサングラスを外して、直に見た世界は意外に美しいものです。アダムとエバが思考力を得たために楽園を失ったのはこのことを示唆しているのかもしれません。思い悩みから一時離れて、世界を、人生をあるがままに見ることのできる人は幸いです。そのための方法、マインドの色メガネを少しだけ顔から浮かせて、メガネの周囲から目に入る景色も一緒に眺めるのが「脱シューージョン」です。

脱フュージョンすると、様々の思考の中から役にたつものを選択できるようになります。マインドは、様々の事物を結びつけ思考を次々に生み出す思考製造機のようなものですが。そのすべてを真に受けたなら、現実からと遠ざかってしまいます。あなたの自己意識がすべきことは、その思考の中から役にたつものを選択して採用することです。総理が、諮問機関の意見を感謝して傾聴するにしても、自分のポリシーに従って最終的に決済するのは総理であるあなたです。

あなた自身が何かをしようとすると、護衛であるマインドは忠実にその役割を果たそうとします。そして「危険です」とか、「無駄です」とか、「やめましょう」などと怖いことを並べ立ててやめさせようとするでしょう。けれどももし、あなたのやろうとしていることがあなたの人生にとってとても大切なものならば、あなたはあえて困難なことにチャレンジするでしょう。なぜなら、あなた自身が主人だからです。

だからと言ってマインドに黙っていてもらう必要はありません。「ご忠告ありがとう、でもわたしは行く」と宣言して行動すれば良いのです。マインドが反対できない理由をあげて説得してからでないと行動できないと考える必要はありません。

マインドは相当しつこくやめさせようと迫ってくるでしょう。例えばこの本の原稿を書いている今、わたしのマインドは「こんな本を評価する人なんていやしないぞ。批判されて恥をかくだけだ。」と言っています。けれどもわたしは、まことの癒しに一歩でも近づくという価値を追求しているので、「恥をかく」という言葉とそれに伴う不安をウイリングに受け止めてキーボードを打ち続けています。

このようにマインドをあしらうコツが脱フュージョンです。その目標は、マインドが何を言おうと、そのままにして、言いたいだけ言わせ、現れては消えていくに任せることでその影響力を無害化し、有効な思考だけを選択できる心理的な体質を作ることです。

自己がマインドにハイジャックされた状態から脱け出し、自分の意志で価値に基づいた行動を決定できる自由度を高める脱フュージョン。そのために次のような事実をクライアントに体験してもらいます。

・マインドは言葉、つまり電気信号であり、頭の中にだけある。
・マインドは体験している現実ではない。マインドから見るのではなく、マインドを見る。
・マインドは道具であって、役にたつ考えだけを選択・採用する。

・意志で行動できる。
・マインドの提供する因果律（原因と結果）ではなく、自己決断で行動できる。
・価値に基づいて行動できる。

あなたのマインドはあなたを救うために問題を並べ立て様々な提案をしてくるでしょう。でもあなたが耳を貸すべきは何でしょうか。あなたの人生は、苦しみをなくすことだけに費やされるべきでしょうか。それともあなたが自分の人生で実現したいと願う価値に向かって前進することでしょうか。あなたのマインドは決してあなたの敵ではありませんが、自己救済を進言してくるマインドの声から距離を置く賢さが必要です。心の痛みはキリストにまかせ、神から与えられたあなただけの人生を生きる。そのために必要な脱フュージョンのテクニックをいくつかご紹介しましょう。

脱フュージョンのテクニック

脱フュージョンのテクニックはたくさん発明されていますが、重要なことはテクニックではなく、その本質を理解して、自分で応用できるようになることです。自分を悩ませている思考がリアリティではなく、それが間違いであっても正しいものであっても関係づけのシンボルに過ぎないことを体験的に実感することが大切です。マインドから見るではなく、マインドを見る訓練としては、次のようなものがあります。

・「吹き出し化作戦」　頭に湧いてくる思考について、あたかも見えない吹き出しの文字を読むように、「今……と考えている」と心の中で唱える（「……」には、考えていた内容を入れる）。

・「悩みの言葉を書いたカードを持ち歩く」　自分を悩ます典型的な言葉をカードに書いて持ち歩き、日に何度か読み返す。たとえば「自分は嫌われている」と書いて、真にうけやすいことばとして意識する。

・マインドを、護衛、付き人、警報機、総理大臣の諮問機関、大統領のSP（シークレット・サービス）などにたとえる。

マインドは自己防衛マシン
それぞれの任務をありがとう だが私は自分の道を行く！
一刻も早く本国に帰るべきです
大統領の身が危険にさらされます
和平交渉などどう考えても無謀です

大統領のSP

・「言葉遊び」　マインドが単なるシンボルであることに気づけるような遊びをしてみる。たとえば、ドラえもんの声で「自分は嫌われている」と言ってみる。あるいは、非常にゆっくりと間のびした言い方で言ってみる。

瞑想は、マインドを内容としてではなく特定の機能が転換した内言語である（たとえば面倒な気持ちを引き起こす「かさ」という音の組み合わせの記憶）と認識する訓練に役立ちます。悩ましい考えも、居ても立ってもいられなくする思考も、リアリティではなく、「ただの音だ」と解する訓練です。仏教の座禅(84)に入門するのもよいですし、あるいは次のようなガイドに従って瞑想してもよいでしょう。

・目を閉じて、好奇心旺盛な科学者のように、思考を観察しましょう。
・思考はどのあたりにありますか。
・それは音声のようですか。文字ですか。映像のようですか。
・それは動いていますか。どのように動いていますか。
・思考の周りにはなにがありますか。隙間がありますか。

・思考が行き来する様子を観察しましょう。
・注意がそれても構いません。いつのまにか別のこと、気がかりなことを考えていることに気づいたなら、また元の観察に戻りましょう。

瞑想で大切なのは、雑念が沸き起こったことを失敗だと思わないということです。どんな瞑想の達人でも、いわゆる「無心」になることなどできません。仏教の瞑想も心の中がブランクになることを目指すのではありません。ついでに言えば、失敗だと思うことも雑念です。むしろ雑念に気づいたということが大切なのです。そして元の集中にまた戻ればよいだけです。いわゆる「マインドフルネス」[85]とは、この「気づくこと」と「集中すること」の二つからなっています。集

(84) 座禅を宗教的なものとして嫌う人もいるかもしれません。とくにキリスト者には抵抗があるという人もいるでしょう。けれども仏教の瞑想は元来、文化的な彩色の施された「宗教」ではなく、体験的な裏づけのある高度な心理学であり哲学なのです。そもそも仏教とキリスト教を、表面的な類似性から宗教という同じ範疇で括ることが果たして合理的に説明できることなのか疑問です。仏教瞑想は膨大な年月の中で積み上げられた叡智の集大成であり、聖書の信仰は神からの語りかけを聞くことから成り立っていますから、両者を同じ次元で扱うことは無意味です。

(85) マインドフルネスについては、第7章第5節で詳しく説明します。

中して、やがて雑念が浮かび、そのことに気づいて、また元の集中に戻る。この繰り返しで、マインドフルネスが鍛えられていきます。そして、このマインドフルネスにアクセプタンスと脱シュージョンが含まれているのです。

脱シュージョンのスキルについては様々のものが日進月歩で開発されていますが、この本は表題で銘打ったように「理論編」です。ここでは全てを紹介することはできません。今後「実践編」を書くことが許されれば、その時に紹介したいと思います。ここではぜひ脱フュージョンの本質をつかんでください。マインドの本質に気付きこれに影響されない知恵を獲得しこの世界とあなたの人生の美しさに目を向け、あなたの使命からくる活力に生きられるように。この知恵の獲得法を自ら編み出していくことが、同時にあなたの対人援助力をも高めることになるでしょう。

最後に、アクセプタンスと脱フュージョンの関係についてお話ししましょう。感情と思考はおおよそにおいて連動しています。思考は感情に影響し、感情は思考を限定します。マインドは危険察知のセンサー付き問題解決マシーンですから基本的にネガティブ指向です。したがって感情は不安や怒りを抱き、問題解決の動機を強めます。思考から感情へ、感情から思考への相互作用が起こります。そういう意味では、感情の影響を遮断するアクセプタンスや、思考が出入りするままにしておく脱フュージョンもまた、相互に影響しあうということです。アクセプタンスができるようになればなるほど脱フュージョンもしやすくなり、逆もまた然り、相乗効果があるのです。

まとめ

人生に悩み苦しみはつきものです。しかし、イエスの業によって私たちの悩み苦しみの意味が変わりました。それは神から離れたことの結果ではなく、神と結びつくしるしとなったのです。苦しみの背後にそれと表裏をなして、私たちの生きがいとなるようなものが存在しています。苦しみを抱えて、その価値あるものを目指す人生の始まりです。

カウンセリングの場において「五つのパンと二匹の魚」[86]にあたるのがアクセプタンスと脱フュージョンです。これは苦痛を神に委ね、何もしないでいるテクニックであると言っても良いでしょう。そしてその背景となるのが、マインドフルネスという心理状態です。

しかし、どんなにすばらしいスキルであっても本に書かれている限りは、単なるマインドの産

(86) 本書、第3章、第2節の「教会の言葉」の項を参照。

物であり、絵に描いた餅でしかありません。どうか実践してみてください。そして理屈ではなく、「うまくいったかどうか」で体験的に判断し、自分のものにしていただきたいと思います。

すべての事は、神があなたと共に正義を目指されることに、この奉仕が用いられるかどうかにかかっています。願わくは主がこれを用いてくださいますように。

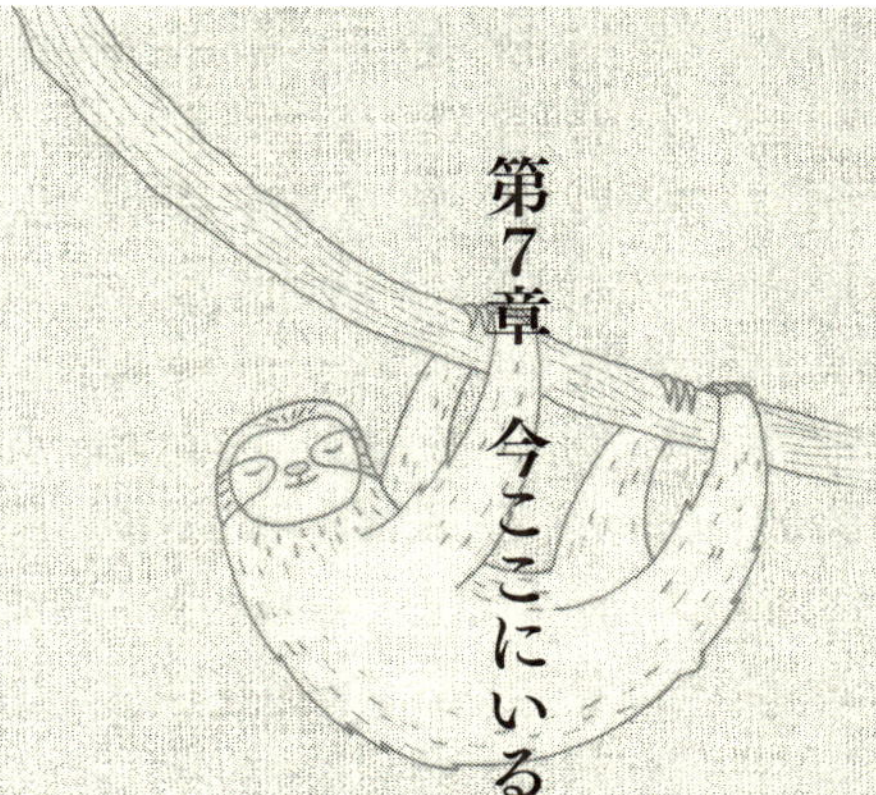

第7章　今ここにいる自己

キリスト教の生活は、贖罪と新生による生き方の刷新であり、その生き方に練達していくことです。伝統的なキリスト教の言葉で言えば「義認」に基づいた「聖化」ということです。これらはひとえに神の業であって、人間は自分を救い成長させることに微塵も関わることができません。パストラル・カウンセリングは、人間の義認と聖化という、神が全権を振るう業に奉仕することです。その奉仕もまた、神が万事をなさることの証人となることであって、神を助けるといった神人協力の中で事が起こるのではありません。したがって神が業をなさるべく来られるのを待ち望み、通られるところに道を譲ることになります。

「聖化」という新しい人間としての成長には、人が自分自身を助けようとする衝動を抑え、苦しみをそのまま神の前に注ぎ出す行為が必要になります。それが祈りです。その訓練のために、マインドフルネスという心理過程を神が用いてくださることに期待して、これを用いてきたという事実がキリスト教の牧会の歴史にはあります。[87] このことをさらに推し進めるために、わたしはACTの六つのコア・プロセスを援用してはどうかと考えているわけです。前章ではそのうちのアクセプタンスと脱フュージョンについてお話ししました。それは感情を隔離したり、思考から距離を置いたりするスキルでした。

ところでこのように感情や思考を自分自身から切り離して外在化することに違和感を覚えた

方もおられるのではないでしょうか。目に見えない感情や思考が自分自身ではなく、自分の道具にすぎないことを納得するのには、もう一つ、自己とは何かについて合点がいかなければなりません。またアクセプタンスや脱フュージョンをするのにも自己とその働きについて腑に落ちた理解が必要になります。またこの後の章で述べる価値と価値へのコミットメントにおいても、自己でいることが体感されなければなりません。これから述べることは、人間が自己であることの意味と、その自己の確立のための心理的手続きについてです。

第１節　三つの自己

あなたは自分を「何者」または「誰」だと考えているでしょうか。動物界ではヒト、人間社会では性別、年齢、家族での位置、所属や職業などで自分を思うかもしれません。でもそれらがあ

(87) マインドフルネスは仏教だけのものではなく、カトリックの「聖なる無関心」やカルヴァンの「アディアフォラ」（とらわれない心という意味）など、キリスト教でも用いられてきました。早坂文彦「キリスト教的マインドフルネスの歴史的系譜と応用」『宮城学院女子大学　研究論文集124号』（2017年6月）参照。

なたのすべてでしょうか。

こんなふうに考えて、不思議な気持ちになったことはありませんか。「わたしはなんでわたしなの？」「わたしがなぜこの時代の人間で、この広い宇宙でただひとり、わたしだけがわたしなの？」「何十億といる人間の中で、わたしだけがわたしという人間を『皮膚の内側』から見ている。これってどういうことなの？」中にはこのような考えで怖くなったり、強い孤独を感じたりする人もいるかもしれません。

この奇妙な体験のことを、心理学では「自我体験」と言います。日本の大学生を調査したところ、およそ50％の人に自我体験があったそうです。たしかに怖さや孤独を伴う体験ですが、これによって学生諸君は知的好奇心が高くなったり、生き方や価値観を考えるようになったりするというメリットがあることが分かっています。このようにわたしたちには他の誰とも混じり合うことのない自己の意識があます。これは人格や人権といった概念と深く関係しています。自己意識があるということ、これが〝かけがえのなさ〟として人間同士お互いに承認しあう源であるといってよいでしょう。

わたしだけがわたしであるというこの不思議な自己というものを探った心理学者がいました。イタリアのロベルト・アサジョーリという人です。フロイトやユングなどと同じ時代の人ですが、当時はそれほど知られてはいませんでした。その人の研究が、「サイコシンセシス」という心理学として、20世紀の末になって急に脚光を浴び、知られるようになりました[88]。アサジョーリは人間の「意志」を探求し、意志の源としての「純粋な自己意識」の大切さを提唱しました。以下の言葉は、アサジョーリの瞑想をわたしが簡略化したものです。じっくりと味わってみてください。

わたしは体をもっている。だがわたしは体ではない。
わたしは感情をもっている。だがわたしは感情ではない。
わたしは思考を持っている。だがわたしは思考ではない。
体も感情も思考も、わたしの一部
わたしの大切な道具ではあるが、わたし自身ではない。
では、わたしは何なのか？
わたしはわたし
わたしの意志の中心である。

——R・アサジョーリ『意志のはたらき』より

(88) R・アサジョーリ著、国谷誠朗・平松園枝訳『サイコシンセシス——統合的な人間観と実践のマニュアル』、『意志のはたらき』（誠信書房）。

このように、自己を他人から見た属性や役割の中でとらえるだけでなく、自分の奥まったところにあって、外に見せる顔（仮面＝ペルソナ）を選んでいる自己意識と見ることは、自分を、そして他人のことも、尊厳ある人格として尊重する基本になります。

しかしながら、この自己意識がそれ自体では尊厳ある人格を保つことが事実上不可能であることは、わたしたちの経験するところです。この宇宙にたった一人でポツネンと存在している自己。そう考えるとこれほどゾッとする孤独はないのではないでしょうか。いったい誰がそのような「超人」[89]になることができるでしょうか。その恐怖を体験するくらいなら、己の感情と思考の海に埋没していたほうがまだましというものです。しかし、その埋没も一時しのぎでしかありません。やがて感情の嵐と思考の暴走に、わたしたちの自己意識は一層の苦痛と無意味感に苛まれることになるのです（第2章、第3節を参照）。

聖書的信仰によれば、自己意識が尊厳ある人格でありうるには、人間が神との対話の相手とされることによります。神は人間に語りかけます。「あなたの苦しみはわたしのものだ。だからあなたは、わたしの命を生きなさい。」この贖罪と新生に、わたしたちは招かれています。この招きに応じるために、わたしたちの空虚な自己を差し出すときに、神は（神が望まれるなら）、これを用いてくださるのです。では、わたしたちが差し出すべき自己とはどのようなものでしょうか。ＡＣＴの理論に従ってみてまいりましょう。

ＡＣＴでは三つの自己を想定しています。第一は「概念としての自己」と呼ばれるもので、自分を描写する言葉から成り立っています。つまりマインドの自己です。厳密に言えば、それは自己自体ではなく、自己についての言葉による説明であって、言語で置き換えたシンボルです。第二は、「体験としての自己」と呼ばれるもので、今この瞬間にこの場にいる自己であり、周囲の環境と様々なやり取りをしている現在進行形の体験そのもののことです。そして第三が「文脈としての自己」、あるいは「観察する自己」と呼ばれるものです。これはアサジョーリの言う「意志の中心である純粋な自己意識」と同じものです。わたしはこれを「俯瞰する自己」あるいは「俯瞰する地点にいる自己」と名付けてみました。それはこの言葉が、文脈と観察の両方を同時に表すことができると考えたからです。あなたは自分自身について、この三つの自己をそれぞれ確認することができるでしょうか。以下にもう少し詳しくそれぞれの特徴を見ていきましょう。

(89) ニーチェ著『ツァラトゥストラはこう言った』上・下（岩波文庫）参照。

第2節　概念としての自己とその問題

概念としての自己は、自分についての概念的な、つまり言語的な説明のことです。前の章で説明しましたように、人間の言語もしくは思考は事象や事物の間に様々の関連性を見つけ出し、それらの背後にある本質を把握するのに大変に有用な働きをします。ですから当然、自分というものをとらえるのにも言語や思考は役にたつ道具となります。ところが、これもまた前章では述べたことですが、その作用があまりに強力であるために、全能感に溺れて、実際には限界があるにもかかわらず、それで全てを言い尽くすことができると考えてしまいます。ですから、単なる音声の組み合わせを心の中で響かせているに過ぎないものを、「これが自分だ」と確信してしまうことが起こります。自分の一面でしかないものを、あるいは移ろいやすい評価でしかないものを、それが良いものでも悪いものでも、自分の全てでもあるかのように思ってしまう傾向があるのです。この概念としての自己の問題は決して小さくはないのですが、実は、大切な役割があります。

概念としての自己は大切です。なぜなら、場との関係で自分がどのような人間であるかがわかっていることで、特定の場所でどのように振る舞ったら良いかの予測が立ち、あまり不安にならずに行動できるようになるからです。だれでも初めての場所では緊張するでしょう。たとえば会社に入社したばかりの新米社員は、自分の役割が十分に概念化されていませんから、自分の一挙手一投足が気になるはずです。幼稚園児は、登園してお母さんと離れる段になって大泣きします。それは、「自分がどう振る舞えば良いかが確実にわかっている相手」、であるお母さんという存在がいなくなるからだと解釈することもできます。そのときの子どもの不安は、むしろ恐怖に近いほどのものでしょう。大人の観点で、大したことではないと思ってはいけません。このように概念としての自己がどのようなものであるかが分かるということは、特定の場所で快適に過ごすためには絶対に必要なのです。

ところが概念としての自己に柔軟性がないとどうなるでしょうか。頭の中で考えた自分にとらわれてしまい、逆にその場所その時で適切に振る舞えないということが起こってきます。会社の重役だった人が退職後に参加した町内会で侮辱されたと感じてしまう。学校の成績が不振だった若者が、「自分は頭が悪い」という考えに縛られ、職場でも積極的に働くことができない。「自分はいじめられキャラだ」と思い込んでいる生徒が、学校がかわっても友だちを作れない。こうした問題は、概念としての自己に縛り付けられたことで起こります。

場合によっては、概念としての自己を守るために、世界の方を歪めることすら起こります。たとえば、虐待を受けた子どもは、大人が暴力を振るいたくなるように仕向ける行動をとることがあります。もちろんこれは無意識にやってしまうことです。日常的に殴られてきたような子どもは、しばらく殴られない日々が続くと、いつ殴られるかとビクビクするようになり不安感が高まります。そこでコントロールできない恐怖に苛まれるよりは、何か悪いことをして叱られるほうが安心だと思ってしまう。なぜなら叱られる状況は自で作ることができるからです。コントロールできない状況よりは、コントロールできる状況の方が人は安心するのです。同じ叱られるとしても、自分でコントロールできているだけましなのです。そして叱られた直後は、安心な状況が、少なくともしばらくの間は続きます[90]。

このように概念としての自己は、役にも立ちますが、硬直したものになると不適応を起こす要因になります。わたしたちの問題の多くで、このような概念としての自己へのとらわれに起因する場合が少なくありません。それではこのような硬直化からどのように脱却して行ったら良いのでしょうか。次に続く、体験としての自己と俯瞰する自己が解決のヒントになります。

第3節　今この瞬間の体験としての自己

今この瞬間を体験しているその体験が今のあなたです。そうではないでしょうか。今あなたは何に気づいていますか。今目を閉じて、自分を感じてみましょう。閉じている目には何が浮かんで見えますか。網膜に映る残像でしょうか。座っている姿勢がわかりますか。呼吸に気づいていますか。心臓が拍動しているのがわかりますか。体のどこかに痛みを感じる場所がありますか。思考が頭の中に現れては去っていくのがわかりますか。感情はどうでしょう。落ち着いていますか。そわそわしていますか。イライラしていますか。

今呼吸をしているならば、その呼吸しているあなたがあなたです。今何かを見ているとすれば、見ているあなた。今何かを聞いているとすれば、それを聞いているあなた。今何かを感じているとすれば、それを感じているあなた。今何かを考えているとすれば、それを考えているあなた（考えの内容ではありません）。今何かの行動をとっているとすれば、その行動をとっているあなた

(90) よく悪さをする子どもは関心を持ってもらいたいからだと、まことしやかに語られることがあります。それは無視される苦痛よりも、叱られても関わりを持ってもらったほうがよいからだ、と説明されるのですが、この説には全く根拠がありません。叱られるよりほおっておいてもらったほうが良いと思いませんか。このような都市伝説を真に受けるならば、優しい関わりをしてあげれば良い子になるはずだというマインドのルールに固執することになり、この援助者の行動こそが不適応を引き起こし結局そのとばっちりは子どもの上に降り注ぐことになってしまうのです。

があなたなのです。これは体験としてのあなたであって、自分のことを考えているその内容であるあなたのことではありません。今まさに、見たり、聞いたり、感じたり、考えたり、行動したりしている現在進行中のあなたです。

それはマインドによって言語化されたあなたについての「説明・評価」のことではありません。それは、過去の思い出や未来の予測の中にいるあなたではありません。それは、あなたが今ここで体験しているすべてのことです。ある意味それは動物的なあなたと言えるかもしれません。まさに今生きている生身のあなたが体験する全てとしてのあなたです。実はこの体験としてのあなたを的確に言い表すことは、言葉ではできません。言葉では言い尽くせない、言葉にはならない、あなたの生の体験そのものであるあなたのことだからです。この動物的なあなたの自己の感覚を取り戻すことが、思考の迷路でがんじがらめになっている状態からの解放につながります。

この今ここでの体験としての自己でいることができるのは、心理的に健康であるための一つの条件になります。今ここにいる自己が飛んでしまい、またあるとき舞い戻ってくるというような体験が度重なると、一貫した自己を保つことができなくなります。いわゆる解離がその典型です。体験としての自己は、物心ついたときから今に至るまで自分が一貫して同じ自己であるという感覚、つまり持続する自己意識の源泉でもあります。

今この瞬間と接触できるならば、過去の後悔や未来の不安に苛まれているときでさえ、今日一日を生き生きと生きて行くことができます。今ここにいることができるということは、概念としての自己が自分の全てだと思い込むことの解毒剤になるのです。「自分はいつも人に嫌われる」と思い込んでいる人でも、今この瞬間に接することができれば、必ずしもそうではない機会をいくらでも体験していることが理解できるようになるでしょう。また前章で述べたアクセプタンスや脱フュージョンにも相乗的な効果があります。苦しみに遭ったときに、今ここでその苦しみをよく感じることができるならば、アクセプタンスしやすくなりますし、逆にアクセプタンスの過程は今ここの自分を体験することでもあります。思考に翻弄されていることを、今この瞬間に気づくこと（体験としての自己への気づき）は、思考を頭の中で出入り自由にして、かかわらずにいること（脱フュージョン）の前提ですし、逆に脱フュージョンの過程は今ここにあって思考を体験している自己への気づきを生み出すでしょう。また、この後の章（第8章）で述べる、価値を見出し、コミットメントを促進することにも役に立ちます。

さてそれでは、今ここへの集中が信仰生活にどのようなメリットがあるでしょうか。アクセプタンスや脱フュージョンを促進するという点では、間接的には苦しみを神にゆだねる祈りに役にたつでしょう。また、神の自由な働きは人間の記憶や法則性や予測の中にはなく、今この瞬間の出来事としてしか起こりませんから、その神の業を信仰において受け止め応答するための倫理的行動の指針と方法に、今ここに接する心理スキルを用いることが可能になるでしょう。

第4節　俯瞰する自己

俯瞰する自己を言葉で説明するのは、体験としての自己を説明する以上に困難です。あなた自身が自分の俯瞰する自己を捉えることはできません。捉えたと思った瞬間に、それはもう俯瞰する自己ではないからです。あなたはこの自己を主体として意識することはできますが、それをよく見ようとして対象化すると、たちまちそれは消えてなくなります。あくまで主体としているときに、そこにあるとわかるものです。

俯瞰する自己は、時間の流れを俯瞰する「今」というこの地点であり、宇宙を俯瞰する「ここ」という地点であり、人に「あなた」と呼びかけたときに、こちら側で他者を俯瞰する「わたし」という地点です。世界を見、世界と関わる時の、始点ということもできます。その地点ないし始点はやがて成長とともに、自分自身の身体や感情や思考や行動を内観する視点になります。これが「俯瞰する自己」です。

言葉で説明するのには限界がありますので、いくつかのメタファーと瞑想を紹介しましょう。言葉よりもこちらの方が事柄をつかみやすいでしょう。

「俯瞰する自己は心の舞台劇を観ている観客のようなものである」

あなたの心を舞台劇にたとえてみます。あなたは、つまりあなたの俯瞰する自己は、舞台で様々な役を演じる役者、たとえば「感情」や「思考や」や「衝動」などの演技を鑑賞しています。「感情」が言います、「腹がたつ！」すると思考が言います、「わたしがバカだったのよ。」それを聞いた「衝動」が言います、「帰りたいわ。」観客であるあなたは舞台劇には参加しません。劇の進行に割って入って影響を与えることもしなければ、逆に劇で行われていることによって自分が影響されることもありません。あなたはこの様子をじっと観察している観客です。そしてこの観客に相当するのが、俯瞰する自己です。

「俯瞰する自己は大空のようなものである」

あなたの心は大空のようなものです。お日さまがぽかぽかと照る晴天の日もあれば、曇りになり、雨になることもあります。雷雨になり、風が吹きつけ、大嵐になることだってあるでしょう。

あなたの心もそういう時があるでしょう。けれども天候がどんなに荒れ狂っても、大空は全く影響を受けません。嵐で空にヒビが入った、などということは聞いたことがありません。それと同じように、あなたの心にも、その中で感情や思考がどんなに荒れ狂っても、その嵐を内に湛えながら全く影響を受けない部分があります。この大空に相当する部分が、あなたの俯瞰する自己です。

「俯瞰する自己はチェスボードのようなものである」

あなたの心の中の戦いを、チェスの駒の戦いにたとえてみましょう。黒い駒は問題や苦しみを代表します。あなたはそれを駆除しようとして白い駒の上に乗って戦っていると想像してください。ところが黒い駒をなくそうとすればするほど、敵は増えていきます。戦いは際限なく続きます。このゲームで唯一戦いに参加していない部分があるのがわかりますか。そうです、チェスボードです。チェスボードは、白と黒の駒にぴったりとくっついています。ですからその気持ちや考えを、それが良いものであっても悪いものであっても、直に感じることができます。けれども戦いには参加しません。それでもチェスボード自体はどこへでも持ち運ぶことができます。ゲームが戦っている駒を丸ごと抱えながら、行きたいところへ行けるのです。全くの自由です。ゲームが気になり再び白い駒の上に飛び乗ってゲームに参加すれば、この自由は失われます。チェスボードのように、戦いを抱えながらも好きなことができるのが俯瞰する自己です。

「俯瞰する自己に気づくための瞑想」

全部の「　　」の中に、「呼吸」、「思考」、「体」、「感情」、「役割」の語のどれか一つを入れて瞑想し、一巡したら次の語を入れて瞑想してください。こうしてすべての語で瞑想するまで続けてください。

背筋を伸ばして座り、目を閉じるか一点を見つめるかしてください。

- あなたの［呼吸］を意識しましょう。
- そこに［呼吸］があり、こちらにそれを意識しているあなたがいます。
- ［呼吸］を意識できるのであれば、あなた自身が［呼吸］であるはずがありません。［呼吸］とあなた自身は別のものです。
- ［呼吸］は絶えず変化していますが、それを意識しているあなた自身は子どもの頃からずっと同じあなた自身でした。

俯瞰する自己がどういうものであるかお分かりになったでしょうか。あなたのこの俯瞰する部分を鍛えることで苦しみにとらわれない自由を得ることができます。

俯瞰する自己の視点に立つならば、概念としての自己というものが、マインドが自分を写そうと頑張って作りだした単なる「音声」の組み合わせ、不出来なシンボルでしかないことがわかります。そうすることで概念による自己説明と自己評価の呪縛から解放されるのです。

過去の後悔や未来の不安で心が騒ぎ上の空になっても、俯瞰する自己の視点に立つならば、今この瞬間を取り戻すことができます。俯瞰する自己でいることは、今この瞬間と接していることと連動しています。俯瞰すること自体が今ここにいることであり、今ここにいることで自分が俯瞰する自己であることに気づくことができます。このように、体験する自己でいることと、俯瞰する自己であることも密接に結びついているのです。

俯瞰する自己はアクセプタンスや脱フュージョンにも効果があります。俯瞰する自己になる訓練をすることで、感情や思考をより冷静に内観できるようになります。それで感情の囲い込みや思考からの距離置きがしやすくなるのです。逆にアクセプタンスや脱フュージョンの練習をすれば、心を客観視する俯瞰的自己を鍛えることにつながります。ここにもまた相乗効果があるわけです。

俯瞰する自己はキリスト者の信仰生活にも有用です。今ここへの接触同様、贖罪と新生に生きる生活のために、衝動的な自己義認へのつかみかかりに気づき抑制することができるでしょう。また、自己の苦しみを吟味し観想(100)する中で、その反転したところにある個人的な使命（ミッション）を見出すスキルとして使うこともできます。あるいは内心の声を精査する中で、神の声とそうでないものを識別(101)するスキルとして応用することもできるでしょう。

第5節　マインドフルネス(102)

ここまでACTの六つのコア・プロセスのうちの四つ――アクセプタンス、脱フュージョン、今この瞬間との接触、俯瞰する自己――を説明しました。そしてそれら四つが互いに密接に関連しあっ

(100) 観想、“contemplation”は、キリスト教で瞑想の意味に使われています。
(101) コリントの信徒への手紙一12・10。
(102) 拙著「マインドフルネスとキリスト教信仰――牧会におけるマインドフルネスの利用のために」『農村伝道神学校紀要　福音と社会』第33号を参照。

ていることもお分かりになったと思います。実はこの四つは、先に述べたマインドフルネスという心理状態と密接にかかわっています。このマインドフルネスについて、ここで説明することにいたしましょう。

まずは体験してみよう――マインドフルネスの定義

わたしの友だちで仏教のお坊さんがいます。彼にマインドフルネスの論文を書いていると言ったら、「それは意味がない。マインドフルネスは言葉でわかるものではないよ。」と一蹴されてしまいました。でも、彼は正しいのです。第6章で言葉の限界についてお話ししましたが、山登りの素晴らしさは実際に山に登って見ないと分からないように、マインドフルネスも説明されてわかるものではなく、実際に味わってみなければ分かりません。そこで、ここでちょっと小さな実験をやってみましょう。

あなたの目の前にある物を一つ選んでください。どんな物でも構いません。五分間タイマーで計って、その物を見つめてください。意識を集中させ、くまなく見つめて、今まで気づかなかったものがどれだけあるか探してみましょう。

（間）

どうでしたか。思いがけない発見が色々見つかったのではないでしょうか。このとき、あなたに起こっていたことを振り返ってみましょう。まずあなたは、一つの物体に集中していましたが、何か一つの特徴だけにとらわれることはなかっただろうと思います。つまり、「とらわれない」と「集中」という一見矛盾したことが同時に起こっていました。さらにもうひとつ、あなたは決して気が散っていたわけではありませんが、その物体の全体を見ていたはずです。つまり、意識は分散していました。「気が散らない」と意識の「分散」という一件矛盾したことが同時に起こっていたのです。以上、二つのこと、「とらわれない意識の集中」と「散漫でない意識の分散」が起こっていたことになります。

さらにこの実験のあいだ中、あなたは今この瞬間に接していたことでしょう。もしかしたら「なんでこんなことをしなければならないの」と思いながら、自分の意志を働かせて取り組んだはずです。またあなたの目に入ることは何でも制限せずに自由に取り入れようとしていたと思います。つまりこの時間にあったのは、「今この瞬間」、「意志」、「刺激に対してオープンであること」です。実はこれらがマインドフルネスの要素です。つまり**マインドフルネスとは、今この瞬**

間に自分の意志で、あらゆる刺激に対してオープンである、とわられない意識の集中と散漫でない意識の分散なのです。

仏教瞑想

マインドフルネスとはパーリ語の「サティ」の英訳で、日本には中国を介して「念」という言葉で伝えられました。念仏の「念」です。あるお坊さんは「念仏の『念』は『今の心』と書く」と言いました。今ここに集中することがマインドフルネスの大切な要件です。マインドフルネスは仏教瞑想の中から生まれた概念です。仏教瞑想は実に様々なものがあるようですが、ここでは「ヴィパッサナー」について紹介します。

人間が生きて行く上で苦しみはつきものです。まずわたしという人間の心に不快な刺激が突き刺さります。これを「第一の矢」とします。すると不快感情が生まれます。不快感情があると、わたしはそれをなくそうとしてジタバタもがきます。するとそれが「第二の矢」となって事態を悪化させます。（5章の「ストレス回避の害」を思い出してください。）

けれども瞑想をして行くと、刺激によって生じた不快感情は、決して永遠不動のものではなく、結構不安定で、生じたり消えたりしているものであることがわかってきます。ですから、ジタバタもがいて第二の矢を放つ必要のないことが見えてきます。第二の矢が放たれなくなると、少なくとも事態の悪化は避けられるようになります。（6章の「アクセプタンス」と「脱フュージョン」の原理がここにあることがわかりますか。）

心がこれに熟達してくると、今度は不快感情自体が起こりにくくなり、第一の矢を受けることがなくなります。不快感情が消滅すると、そもそも不快刺激というものが存在しないことに気づきます。「心頭滅却すれば火もまた涼し」の境地です。さらに仏教では、これらの心の騒ぎが起こっている「わたし」というものすら存在しないことに気づく段階に至るそうです。これがいわゆる「悟り」です。

よく「自分を無にする」とか「無心になる」などといいますが、これは誤解です。無にも無心にもなれません。ヴィパッサナーが目指していることは、今この瞬間に俯瞰する自己から苦しみの感情や思い悩む心の動きをあるがままに見つめることなのです。[103] そしてここには、これまで学んできた四つのコア・プロセスがあるということは、ご推察の通りです。

(103) 前章で、「集中して、雑念が浮かび、そのことに気づいて、元の集中に戻る」という繰り返しが、マインドフルネスを鍛えると説明したのを覚えていますか。それは今この瞬間の心の動きをありのままに見つめることだからです。

私
不快刺激
1の矢
不快感情
2の矢
行動化による悪化
① 不快感情はやがて消滅するという気づき
私
不快刺激
行動化による悪化
不快感情
② 行動化の阻止
私
不快刺激
不快感情
③ 不快感情が起こらなくなる
私
不快刺激
④ 無我
不快刺激
私

ヴィパッサナー

まとめ

今この瞬間に俯瞰する自己という人間の実存的な自己意識は、確かに心理的健康に限っては有効なものですが、神からの呼び出しなしには宙に浮いたままの答えのないものであり、虚ろで不気味なものでさえあるということは、忘れてはならないことです。この自己意識が、己を義とし聖となす神の業を待つようにと告げられ、その命に従うようにとの呼び出しに応じる道具として、上述のような仕方で自らを差し出すとき、はじめてその虚空を満たされるのです。

主を待つための道具、すなわち、苦しみを自ら取り除こうとせずに、その取り扱いを神にまかせるために、苦しみをそのまま神の前に注ぎ出すための道具として、代々の教会はマインドフルネスを使用してきました。この中に、俯瞰する自己を含むＡＣＴの四つの心理手続き――アクセプタンス、脱フュージョン、今ここの接触、俯瞰する自己――があるのであり、これらは相互に補完し合いながら相乗効果の中で訓練されていきます。どれも努力を要するアクティブな活動ではありますが、人間を義となし聖となす神の業を待ち望み、「何もしない」秘訣を教えてくれるものであると言ってよいでしょう。

今この瞬間の体験と、それを俯瞰する自己は、神から定義づけられる新しい人間、贖罪と新生に生きる人間の形成には役立ちそうです。それらは自己義認の業を抑制する無為の行為に役立てることができ、苦しみから価値を見出し、今ここに起こる出来事の中に生ける神の業を信仰において感得し、さらには内心の声から神の声を聞き分ける霊的な識別にも有効なスキルとなると考えられるからです。

しかしながら、概念としての自己はどうでしょうか。あまり役立ちそうにありません。自己を頭の中に思い描いた概念としてとらえるとき、わたしたちは今この瞬間における適応性を失いがちになります。それは脳内にアップロードされたプログラムに従って行動するだけの機械でしかありません。それはあたかも主人である人間がいなくなった地球で、人間の作った機械たちが、悲しくもひたすらに、決められた作業を無意味に繰り返している、SF映画の一場面のようなものです。[104] 神なき人間の自己定義は滅びでしかありません。人間は、神からの語りかけを聞き分け、それに応える者として、自己意識であり、意志であり、肯定的な人格であることによって、概念としての自己の病理から癒され救われるのです。[105]

古代より諸宗教の中で培われてきた人類の遺産であるマインドフルネス、そしてそれを現代心理学によって精緻化した四つのコア・プロセスを、神との呼応関係に生きる人格を養うツールとして用いることを、神が良しとしてくださいますように。

(104) ディズニー映画『ウォーリー』のオープニング場面です。しかし、ウォーリーが意志を持ち、人間化していくというこの映画の構想は、まことの人間性への憧れを思い描いているようです。

(105) この国の教育が、キャリア教育と称して、子どもたちに「勤労観・職業観」の確立をめざさせるその実質が、概念としての自己を追及することであるとすれば、その方向性は、まことの人間性を歪め、病んだ人間を作り出す、極めて高いリスクを抱えることになるでしょう。

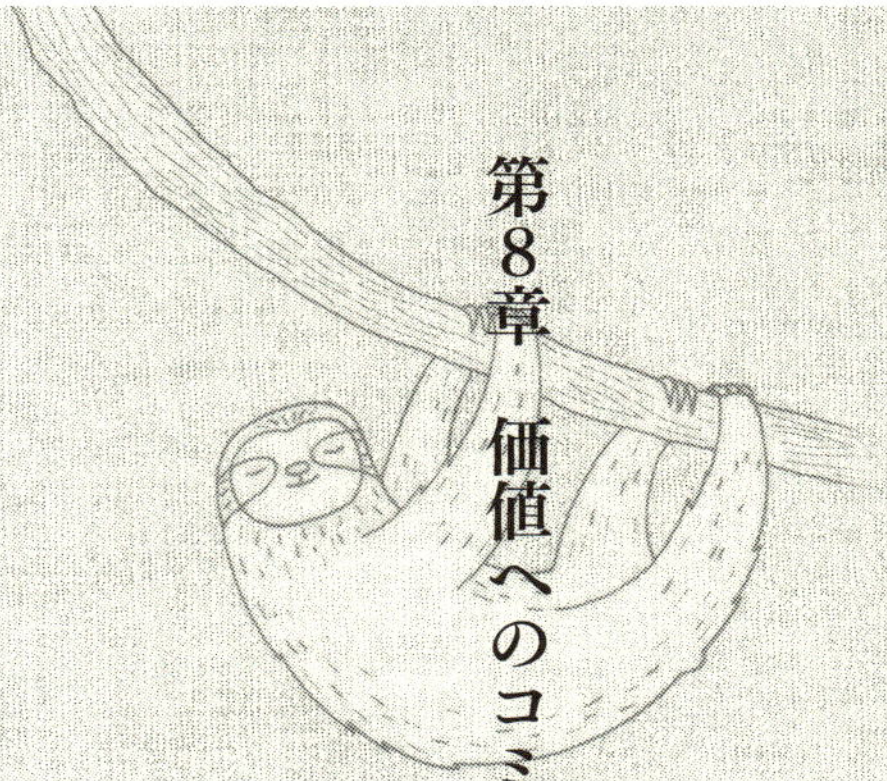

第8章　価値へのコミットメント

「神は良しとされた」（創世記1章）。これが聖書全体を貫いて響き渡っている神の声だと言えます。そして、その声なき声は全被造物に響き渡っています。[106] この声を復唱することが人間の生きる意味です。[107] 人間は神から離れ、神なしに生きようとした罪の結果、万事を「良し」[108] とできなくなったのです。現実をあるがままに見る識別力を失い、各々思うままの基準により善悪を分ける者[109]となり、自らの定めた悪により、自らに苦しみを招くこととなりました。[110] その生は、信頼してゆだねて歩む生ではなく、己の義を己で獲得しなければならない生となり、永遠の恐怖、不満、絶望の中で死を迎えることとなったのです。

神はこの人間と、イエス・キリストを介して結びついてくださいました。すなわち、人間の苦しみを取り上げて御自分の身に引き受け、自らその苦しみの主体となることで人間を従わせ、苦しみの背後にある義の希求への道を共に歩ませてくださるのです。これによって人間は自己と隣人と世界、生きとし生けるものを「良し」とする肯定的な人格へと再創造されました。

人間は自分の苦しみの中で神イエスと出会い、神の側から結びついてくださることで離反の罪を補償されました。苦しみの始末を自力でつける際限なき努力から解放されたのです。人間のなすべきことは、第一に、自らの罪と苦しみから逃れるための一切のもがきをやめ、苦しみをそのままにして神の前に注ぎ出すこと。第二に、神が苦しみを担うことで義を実現されるその歩みに従うことです。

第一に関してはこれまでの章で語ってまいりました。そしてこの最後の章で第二のことを見ていくことになります。第一のことは「何もしない」ということであり、そのためにマインドフルネスを使おうということでした。第二のことは、今度は「何でもする」ということです。第一のことは「思い悩まない」ということであり、第二のことは「神の国と神の義」のために「何でもする」ということです。(111)

神の義を人間は自力でもたらすことはできません。また神の国を来《きた》らせることもできません。いつどのようにそれが来るのかは神ご自身の中に隠されています。けれども、これを楽しみに待

(106)「話すことも、語ることもなく、声は聞こえなくても、その響きは全地に、この言葉は世界の果てに向かう」(詩編19・4～5)。
(107)「後の世代のために、このことは書き記されねばならない。『主を賛美するために民は創造された。』」(詩編102・19)。
(108) ローマの信徒への手紙8・28参照。
(109) 創世記3・5では「善悪を知る」と訳されています。
(110) マタイによる福音書7・1参照。
(111) マタイによる福音書6・25～34参照。

ち望む者として、わたしたちは喜びを持って、全力をあげて、「こうなるに違いない」ということを、知恵の限りを尽くして推量し表現するのです。全く不完全でまことの御国と比べれば雲泥の差でしかないものであったとしても、またそうであると知りながら、精一杯の努力を持って「神の国が来る！その時にはこうなる！」と証しするのです。このようなキリストの再臨までの時間を教会は「中間時(112)」と呼びならわし、そこでその時々に選び取る倫理的態度を「中間時の倫理」と言い表してきました。この私たちの「何でもする」行動にＡＣＴから提案できる特定の指針はあるでしょうか。

パストラル・カウンセリングにおいて、この「何でもする」に、ＡＣＴの「価値の定義」と価値を追求する「コミットメント」の援用を考慮することは、これまでのＡＣＴの諸スキルと同様、慎重であるべきです。しかし同時に、虚しき者の神の選びを信じるがゆえに、大胆になることも必要であります。この章では、これら二つの心理過程を、義認に基づく聖化という神の業に、なぜ捧げうると考えるのか、その根拠を論証していきます。

第1節　価値とは何か

自らの救いのために何事かを成し遂げうるという人間の傲慢に絶望した者にとって、神が成し遂げてくださるという福音は大きな慰めです。ここには成果や業績への脅迫的な執着からの自由があります。「小さな群れよ、恐れるな。あなたがたの父は喜んで神の国をくださる。」（ルカ12・32）。この終末の約束のもとに、「小さいままでいい」とゆるされる安堵と、それでも求め続ける活力を、ＡＣＴの価値は共有することができるかが、ここで論証すべき問いとなります。

価値の定義

科学であるＡＣＴは、価値という主観的なものを、どのように科学の対象として扱うのでしょうか。ＡＣＴはスキナーの行動分析学を発展させた心理学です。行動分析学は、人間の行動は、その行動の直後に何が来るかで増えたり減ったりするという考えに基づいています。

ここで行動の基本原則は次のようになります。きっかけになる刺激Ａがあって、ある行動Ｂを

(112) 中間時の倫理：アルバート・シュヴァイツアーの言い出した言葉で、イエスの求めた倫理が厳しいものであるのは、〝初代のキリスト者がキリストの再臨が間近であるであると信じた切迫した状況下であったからだ〟とする説を唱えた際に用いたものです。ここでは、この言葉を、純粋に再臨を待ち望む期間という意味で用いています。

すると、その直後に出現する結果Cがある。さらにその後刺激Aの後に同じ行動Bが増えた場合、直後に出現した結果Cを、行動Bの出現率を高めたものという意味で「報酬」と言います（最近では「好子」とも言います）。「刺激→行動→報酬」の流れのことを行動分析学では「随伴性」と言います。（図1）

たとえば、母親が子どもに「勉強しなさい」と言います。すると子どもが勉強を始めます。するとおやつが出てきます。すると子どもが「勉強しなさい」の合図で勉強を始める頻度が高くなった場合、おやつは「報酬」だということがわかります。（図2）

行動分析学では、この報酬（または好子）のことを価値と言います[113]。ところが行動の中には、特別「報酬」がなくとも、その行動自体が「報酬」になるものがあります。たとえばこうです。母親が「勉強しなさい」と言います。すると子どもは「新しいことを学ぶ」ことを始めます。すると「新しいことを学ぶ」ことができます。このとき、「新しいことを学ぶ」は行動でもあり、それ自体が報酬でもあるのです。ＡＣＴはこういう特徴を持った報酬のことを価値と言います。つまり価値とは、行動それ自体が報酬になる行動です[114]。この行動は活力を増し拡大していきます。

（図3）

随　伴　性

図　1

刺　激
行　動
報　酬

図　2

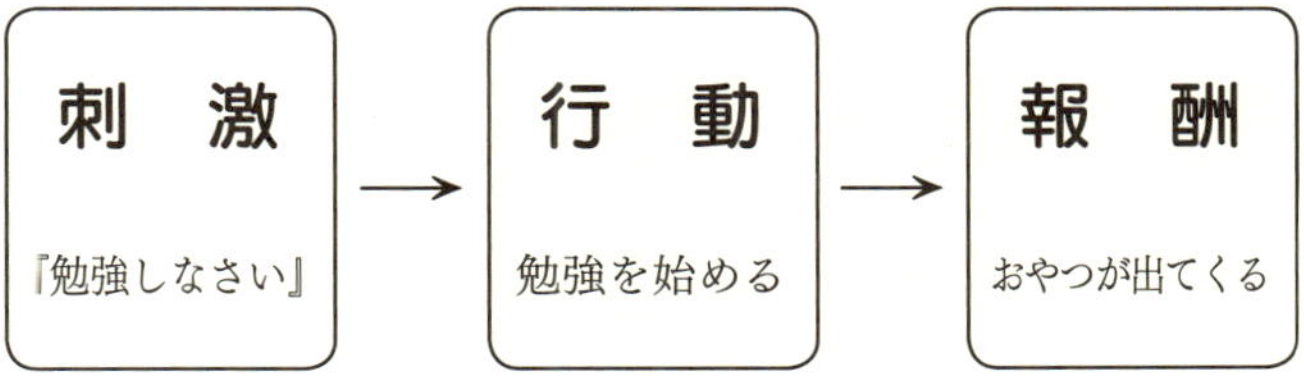
刺　激
『勉強しなさい』
行　動
勉強を始める
報　酬
おやつが出てくる

図　3

刺　激
『勉強しなさい』
行　動
新しいことを学ぶ
報　酬
新しいことを学ぶ

価値の特徴

このように定義された価値には六つの特徴があります。

(1) 価値は方向性である

何かを達成して、それでおしまいになるものは価値ではありません。その後にさらなる報酬が消えてしまえば、報酬消失による弱化ということで、その行動は起こりにくくなります。したがって、ゴール（目標）は価値ではありません。ゴール（目標）は達成すれば一瞬で消えます。そして達成しないうちは○○％達成ということで、いつでも不完全、不満足です。しかも達成した途端に消えてしまうのですから、面白くありません。ゴール（目標）は達成に失敗することもあります。たとえば結婚を目標にする人は、式が終われば目標達成で、離婚でもすれば失敗ということになります。

ですからゴール（目標）は価値にはなりません。むしろ価値は方向性です。方向性であるならば、特定の方向を向いてブレないでいる限り、100％達成です。そのとき価値はいつでもどこにでもあり、永遠に続きます。結婚の価値は、一瞬一瞬の決断の中で、「愛する」という方向を目指すということになります。この「愛する」という方向性を堅持していれば、たとえ離婚しても、財産分与は公平にするなど愛する行動は終わることはないでしょう。

ではゴール（目標）は不要かというと、そうではありません。ゴール（目標）には、価値を追求する「とりあえずの」目印、道標としての役割があります。つまりゴール（目標）は、価値実現のための手段として必要なものなのです。学び続けることは価値ですが、そのための道標として大学受験を設定することができます。その場合、合格しても不合格でも、学び続けるという価値を持つならば挫折を知ることはありません。

具体的にはどのようなものが価値となるでしょうか。問題は何をするかではなく、どのようにするかが方向性としての価値になります。ということは、名詞よりも、動詞を形容する副詞を考えながら探すと特定しやすくなります。例えば、「愛を持って」、「誠実に」、「思いやりを持って」、「希望を持って」、「創造的に」、「粘り強く」、「自立的に」、「成長を目指し

---

(113) 結果Cの後に行動の頻度が減ることもあります。その場合、Cは「罰」または「嫌子」と言います。行動分析学では、この「罰」や「嫌子」のことも価値と言います。この用語は、私たちが日常生活している時に使っている報酬、罰、価値とは違う意味があることに気をつけてください。
(114) スティーブン・C・ヘイズ、カーク・D・ストローサル、ケリー・G・ウィルソン著、武藤崇、三田村仰、大月友監訳『アクセプタンス&コミットメント・セラピー（ACT）第2版：マインドフルな変化のためのプロセス』（星和書店）、149頁参照。

て」、「信頼を持って」、「マインドフルに」、「意志を尊重して」、「肯定的に」……といったものです。

価値を、神の国を指し示す不完全でありながら精いっぱいの表現のツールとして用いるならば、ゴールを設定して自力で達成させようとする誘惑から自由になることができます。

(2) 価値は自分がコントロールできる行動である

価値は「行動それ自体が報酬であるような行動」という定義から出てくる価値の特徴は、当然それが自分の行う行動であるということもありますが、それとともに報酬の確実性が極めて高いということがあります。

この確実性の高さは価値にとって重要なポイントです。達成ではなく方向性、つまり、現時点で価値の方向を向けばよい、という点でも実現の確実性は高いと言えますが、そればかりでなく、人任せ、状況任せではない、というメリットがあります。受動的であれば相手次第であてにはなりませんが、能動的な行動は相手からの恩恵を待つ必要はありません。ですから何かの状態やしてもらうことは価値ではありません。たとえば、「幸せになる」というのは価値ではありません。特定の感情や思考を持つということも、自動的に湧いてくるものでありコントロールできませんから、価値ではありません。「愛してもらう」も、「尊敬される人間になる」も価値ではありません。「愛の感情を抱く」というのも価値ではありません。「愛の行動をとる」、これなら確実にコントロールできるので、価値であると言えます。

前項の、完璧でなくともその方向に身を向けることで良いというのと同様に、自分がコントロール出来る範囲の行動で良いという点で、このＡＣＴの価値の特徴もキリスト者の中間時の倫理として援用可能な特徴と言えるのではないでしょうか。

(3) 価値には苦痛が伴う

価値は行動ですから、何かを変化させることであり、そうであるからには必ず反作用が伴います。物を動かそうとすると必ず摩擦が起こるように、価値にも抵抗する力が働くのです。ですから価値の追求には苦痛が伴うことになります。たとえば休暇中に旅行に行こうと思えば、旅のストレスを避けることはできません。このように、ただ楽しいだけの価値はないのです。

価値の追求には、アクセプタンスや脱フュージョンで苦痛をそのままに抱えていくことが求められるのです。

「十字架ヲ負ヒテ我ニ従ヘ」（文語訳）（マタイ10・38、16・24、マルコ8・34、ルカ9・23、14・27）。苦痛を抱えて価値を目指すスキルは、このイエスの戒命に従うことを可能にします。

（4）価値は今この瞬間に存在する

行動それ自体が報酬になるということは、報酬は行動をしている今この瞬間に手に入るということです。「将来」ということは価値には無縁です。これは、価値が瞬間ごとに照準を定めるべき方向であってゴール（目標）ではないということと関連しています。

「将来のため」ということで今を生きるとどうなるでしょうか。人によって多様ではあるものの、ライフサイクルの中には次のようなライフイベントがあります。誕生、就学、受験、卒業、就職、結婚、子育て、再就職、介護、老後……。こうした人生の節目の中で、どこが将来でしょうか。実のところ将来は永遠にやってこないでしょう。最後には死を迎えることになります。次は、立派な墓石を作ることでしょうか。「将来のため」という人生とは何でしょうか。[115] 生きる意味は今この瞬間にしか存在しません。今この瞬間にこの世に生を受けたことの意味が100％成就するのです。

「明日のことまで思い悩むな。明日のことは明日自らが思い悩む。その日の苦労は、その日だけで十分である」（マタイ6・34）。このイエスの中間時の倫理に生きようとするならば、ACTの価値を神の国に向きなおるための手がかりとして利用することは助けになるのではないでしょうか。

（5）価値は根拠なしに自分で決める

行動それ自体が報酬になる行動は、「なぜそれをするのですか？」と問われれば、「これができるからです。」と答えるほかありません。つまりは、理由がないということです。唯一の原因は、「自分が決めた」です。

文化的な規範、つまり道徳律は、必ずしも価値であるとは限りません。自分で決めたものだけが価値です。もちろん自分で決めている限り文化的な規範が価値になることはあります。けれども社会が要求するからという理由だけでそれを求めることは価値の追求には当たらないのです。

他人の目から見た「良い子」は良い子ではありません。親、先生、文化価値、社会規範に

(115)「愚かな者よ、今夜、お前の命は取り上げられる。お前が用意した物は、いったいだれのものになるのか」（ルカ12・20）。

合わせているだけの人生では満足できないでしょう。「決まりだから」という理由で行動を強いる教育は良い教育とは言えません。「ほめられるからやる」、「叱られるからやらない」では大人にはなれないのです。[116]

価値はやらされることの中にはないのです。「自分がやると決めたからやる！」この、個人の心からの促しがあらゆる道徳律の中心になければなりません。価値は言語で言い表されるという宿命を逃れることはできませんが、行動それ自体が報酬になる生《ナマ》の体験から価値の行動が起こり活力を増していくものであって、体験抜きの知識だけによる道徳は、何か肝心なものが抜けた上面だけのものになります。価値は体験に基づき「やりたいからやる」という、本当のところそれ以外にやる理由がないところのものです。価値は理由なしに自分で決めるものです。

聖書の神は無から有を創造される神です。そして信仰者はこの創造に参加することを求められます。原因があって、その結果としての行動があるだけではないということです。意志の選択が原因と結果の間に介在するのです。アダムは自分の犯した罪をエバと神のせいにし、エバはヘビのせいにしました。ここには思考という道具を得た人間の巧妙な言い逃れが見られます。[117]キリスト教の倫理は、自分の決断が新しいものを生み出していくという、ある種の無からの創造の担い手となることを逃れることのできない責任として引き受けるよう求めます。そして合理的に納得できる原因なしに――原因があるとすれば自己自身の決断以外にない形で――行うＡＣＴの価値の行動は、まさに無からの創造を担う器として利用可能に思われます。無からの創造を実現する神の言葉に促された決断というキリスト者の生を歩みだすにあたって、ＡＣＴの価値を援用することは、その生の意味あいをよりよく会得できるようにするではないでしょうか。

（６）価値はその時々で柔軟に選ぶ

どんな行動も真空の中では起こりません。上に述べた「随伴性」の中で起こるのです。つ

(116) ２００６年に改正された教育基本法は「態度」を育てること、とくに「道徳的」態度育てることを一貫して目指していますが、教え込みによるルール支配行動は、子どもが体験によって身に着けた自らを律する自発性を養うことにはなりません。結局のところ、裏表のある人間を育てることになり、子どもの中に培われるべき良心を破壊することになる可能性が極めて高いと言わなければなりません。法学的、心理学的、教育学的観点からの吟味を十分に受けることがなかったこの法律が制定されてしまったことはまことに遺憾です。

(117) 創世記３章を参照。

まり刺激があって起こるのです。価値は意志の決断による行動であるとはいえ、突然起こるのではなく、特定の刺激の後に起こります。環境の刺激と意志の自由は、論理的には（頭で考えれば）矛盾ですが、実在的には（体験的には）両立します。

ひとつの価値を、ルールのように掲げ、己の大義にしてしまうと、その行動は、体験から切り離された言葉だけの、TPOにそぐわない柔軟性を欠くものに成り下がってしまいます。それはまさに認知的フュージョンに他なりません。行動それ自体が報酬であるところのACTの価値行動は、特定の刺激に対して、特定の文脈の中で、（マインドが提示するルールに従ってではなく）自己の意志によって自らが採用すべき行動を選択します。したがってその選択肢は実に多様な可能性を秘めたものとなります。

人生は豊かです。大切なことはわずかなものではありません。まして一つだけなどということはありません。「親を大切にする」という価値は、親から虐待を受けているときまで守らなければならない「ルール」ではありません。余命宣告を受けた患者が、「健康が一番大事」というルールに従って、家族との時間を犠牲にする必要はありません。

価値をルール化してはいけません。価値を大事にしすぎてはいけません。一つにとらわれると、それをすら失います。価値はその時々で柔軟に選ぶものです。

　イエスは律法主義を批判しました。イエスの批判は、人々が言語的に構成された主義主張を、場のニーズとは無関係に、己の利益のために利用することに向けられました。モーセの十戒の第五戒「汝の父母を敬え」よりも、神に関する戒め（第一戒から第四戒）が優先するという方便で、年老いた父母の扶養の義務を免れ、老人へのネグレクトを正当化していたファリサイ派を、イエスは頑なな者として一蹴しました。[118] 聖書は宇宙の法則を説いているのではありません。イエスは仏陀のような普遍的原理の発見者ではありません。その時々に語られる人格的な神の介入の担い手（まことの人間）であり、その介入そのもの（まことの神）です。わたしたちがその時々に「神の口から出る一つ一つの言葉」（マタイ４・４）として何を聞くかは、その時々で決まることです。キリスト教信仰の倫理は状況の倫理なのです。この点においても、ＡＣＴの価値選択の柔軟性は、キリスト教的な状況倫理との間に即応するものがあることを示唆しています。

コア・プロセスの中の価値

価値は今この瞬間の人生の意味を実現していく行動です。したがって価値を追い求めることで

(118) マルコ７・１〜23参照。

生きる目的を見失った苦痛から解放され、人生に活力が生まれ、それが拡大していきます。しかし、それだけではありません。既述の四つのコア・プロセスにも積極的な影響が現れます。これらのコア・プロセスと五つめのコア・プロセスである価値とは、どのような関係にあるでしょうか。すでに述べてきたことで理解された方もいると思いますが、ここでまとめておきましょう。

（1）**アクセプタンスと価値**　価値の追求を始めると苦痛も現れます。したがってアクセプタンスが必要です。逆に、アクセプタンスができると価値の追求もできるようになります。

（2）**脱フュージョンと価値**　価値はルール化してはいけません。それにとらわれない柔軟さは脱フュージョンによって養なわれます。逆に、脱フュージョンが身についてくると、各々の状況で目指すべき価値を意識する余裕が出てきます。

（3）**今この瞬間に接触することと価値**　価値は今この瞬間の行動の中で現れるものです。価値は個々の瞬間に向き直るべき方向なので、価値を追求すれば今この瞬間に接しないわけにはいきません。逆に、今この瞬間に接することができれば、価値への気づき及びその追求がしやすくなります。

（4）**俯瞰する自己と価値**　価値は意志の決断ですから、当然、高い自己意識が求められ、また逆に、それを生みだし強めていきます。

キリスト教倫理とＡＣＴの価値

ＡＣＴの価値は、行動それ自体が報酬であるような行動を今この瞬間に選ぶことです。この価値の追求は人生に活力をもたらします。同時に、困難に向き合う積極的な人生の態度を生み出しもします。それは「報いを求めない」という言葉で考えるとわかりやすいかもしれません。[119] この価値に生きるならば、恩を仇で返されても、「やるだけのことはやる！」、そういう自分に満足できます。裏切られるなら、それは相手の問題。相手のことは残念に思うが、でも、相手を信じたわたしはこれで良い。（自分がバカだったとは思わない。）相手は聞き入れてくれないかもしれない。でもわたしは、言うだけのことは言おう！　失敗するかもしれない。でも、わたしは今できる最善を尽くそう。そう思えるのは、行動の成果ではなく、行動自体の中に満足があるからです。

一方、キリスト者の倫理は中間時の倫理、つまりキリストの再臨を見据えた倫理です。その教理（終末論）は、神ひとり万事を完結される方という信頼に根ざしています。[120] したがって、その業の出来・不出来は問われることはありません。それによって終末が遅延したり早められたりす

(119) コヘレトの言葉11・1、マタイ6・1〜4、10・8、ヨハネ5・24、6・47、讃美歌54年版536番参照。
(120) ヨハネ19・30参照。

ることはありません。結果は問われないのです。今この瞬間にあなたが何をするかだけが問題です。ここにおいて人間に期待される倫理的行動は、神による万物の完成を待ち望む期待と喜びに彩られ、「そのときにはこうなる！」と、その完成の模写を――実にヘタクソな、しかし精一杯の模写を――言葉と行いを持って差し出すことです。その行動がいかに中途半端で情けないものであっても、それでも神の選びと資格づけのゆえに喜々として神の国の到来を布告する宣教です。[121]

したがって、キリスト教的な倫理行動は暫定的なものです。そしてこの暫定性に対して、ゴールではなく方向性、受け身の状態ではなくコントロールできる行動、苦痛の随伴、今この時、自己決定、状況的柔軟性という特徴を持つＡＣＴの価値は、よく貢献し得る可能性を秘めているように思われます。

第2節　コミットメント

因果の連鎖からなる歴史に、天より垂直にくだる神の言葉に従うということは、無からの創造に参与すること、つまり根拠のないこと、しかしまことの変化を起こす、まことの「歴史」を始めることであり、成し遂げる見込みのないことを続けていくことです。[122] ＡＣＴの立場で言えば、価値を追求するということは、論理的に構築された理由によってではなく、体験的に感得された自分だけの意志決定によって正当化された行動に、ゴール（目標）追求ではなく今ここでの方向性を維持することとして、ひたすら専念するということです。この両者には近似性があるとわたしは考えています。もっと正確に言えば、根拠のないことを始め、成功できないことに全力を尽くす[123]という困難な信仰の歩みに、ＡＣＴの価値を道具として神の前に献げ、神に用いていただけるよう祈り求めることには意味があるかもしれないということです。

(121) 教会の宣教は、説教と聖礼典を中心とした教会内の行為に中心を持つことは言うまでもありませんが、その行為の及ぶ射程は、平和運動、人権問題や環境問題への取り組みなど、政治的・社会的な活動にまで及びます。けれども、それはあくまで暫定的な行為であって、最後的問題解決が自分たちの行為によってもたらされなければならないという脅迫的観念からは完全に自由です。これら教会の宣教は、本質的にはしかめ面した悲壮感の中で行われるのではなく、神の到来の前祝いとして子どものように信頼しきった喜びの中で行われるべきです。

(122) 「御心の天に成る如く、地にも為させ給え」（マタイ６・10）という「主の祈り」の一節は、このことを表していると言って良いでしょう。

(123) より正確には、神の言葉以外にはどこにも根拠のないことをはじめ、神が成し遂げてくださる以外には成功できないことに、全力を尽くすということです。

この困難な生活を始めるにあたって、ACTの価値を援用するとすれば、それは具体的にはどのようにしたら良いのか、というのがこの節のテーマです。

ACTでは六つ目のコア・プロセスとしてコミットメントをあげています。コミットメントの意味を辞書で引くと、委託、委任、引き渡し、投獄、拘留、委員会付託、言質、約束、公約、責任など様々な定義を見つけることができますが、すべてを包括するならば、「やると言ったことをやる」ということに集約できるでしょう。この言葉は、衝動的に流されて不本意ながらやってしまうという行動パターンから脱却していくことを示唆するとともに、言葉で表現された価値に関する言明を具体的に価値あらしめていくことを意味しています。

このコミットメントについてラス・ハリス[124]が紹介しているプロトコル[125]をわたしなりに修正したものがありますので、以下にご紹介します。

コミットメントの手順

(1)　価値の明確化

クライアントの個々の生活場面で何が価値であるのかを明確にしていきます。生活場面とは、たとえば夫婦や親子関係、親戚など拡大家族、友人関係、コミュニティ、仕事や職場、レジャーや自己成長、社会や国家、世界や自然環境、スピリチュアリティ、教会などの信仰共同体、神との関係などのことです。これらの諸関係の中でクライアントがどのような価値を持っているかをクライアントと一緒に考えていきます。

この価値の明確化の方法はいくつも考案されています。三つほどご紹介しましょう。一つは、過去・現在・未来で見ていくやり方です。過去において、あなたが楽しかったこと、充実していたことは何かを思い出します。そこで自分が何を目指していたかを、価値の六つの特徴を睨みながら特定していきます。現在については、もし他人の目を一切気にする必要がなくなったとしたら何をしたいかを考えます。これは文化的道徳観が前面に出てくるようなクライアントに有効かもしれません。未来については、たとえば自分の葬式を想像して人々に言ってもらいたいことを考えるというやり方があります。つまり最終的にどんな人生でありたいと望むかを総括的に考えるのです。

(124) ラス・ハリス著『よくわかるＡＣＴ：明日からつかえるＡＣＴ入門』（星和書店）
(125) 心理援助の介入をプログラム化したものをプロトコルと言います。簡単に言えば介入の作業手順のことです。

二つ目は、苦しみを媒介にするやり方です。今ある苦しみを抱えることで、何ができるようになるか、あるいはどのような能力が育っていくかを考えます。多くの場合、苦しみの反転したところに価値があるものです。たとえば嫉妬の苦しみには、自己価値と自己実現に向かう欲求が潜んでいるかもしれません。不安の強い人は、自分の人生を大切に思う気持ちがあるからなのかもしれません。このように、アクセプタンスで苦しみを抱えながら、そこに何があるのかを自分に聞いてみることは実り多い結果を得ることができるでしょう。

三つ目の価値を特定するコツは、抽象的な言葉でより包括的な概念を探すことです。たとえばスポーツが生きがいだという人は、チームワーク、チャレンジ精神、あきらめない心などといった価値を見出していくかもしれません。「何をしたいか」から、それを「どのようにしたいのか」という方向で考察を重ねていくと価値が見出しやすくなります。たとえば「何を」の問いに「旅行に行きたい」という答えが出てきたならば、「どのように」旅行がしたいのかを考えるのです。「ゆったりと旅行したい」という場合と、「精力的に探訪したい」という場合では、価値が違うでしょう。

（2）ゴール設定

次にゴールを設定します。本来の目的は価値にあるわけですが、その価値を実現していくために暫定的な目標を設定します。目標は目的とは違います。目標は目的を達成するための道標であり、価値実現のための手段です。（この関係が逆にならないようにしたいものです。）

良いゴールとはどのようなものでしょうか。まず、なにはなくても、価値に則っていること。これが第一の条件です。価値を目的とすると言いながら、本音は目標である場合は、前節で説明したように決してうまく行きません。

第二の条件は、現実的かどうかということです。達成可能なものを設定します。一度で達成不可能なものの場合は、スモール・ステップに分けます。同時に現実的であるためには、測定可能であることです。それによってどの程度達成できたか、あるいはどの程度達成できなかったかを判断することができます。

第三の条件は、上の条件の重なる部分がありますが、具体的かどうかということです。５Ｗ１Ｈ＋Ｍを考えて見ましょう。つまり、なぜ（why）（これは価値の明確化に相当します）、なにを（what）、いつ（when）、どこで（where）、だれが（who）、どのように（how）するのか、そして必要であればＭ、つまり“money”（費用）を検討します。

（3）行動計画

タイム・テーブルや行動計画表を作成します。

（4）コミットメント宣言

価値とゴールを文章にします。その文章には、5W1Hを含めてください。たとえば、「子どもと心を通わせる交流を大切にするために、次の土曜日の午前10時から家族でABC公園に行き、子どもの様子に配慮しながら、バドミントンやフリスビーを楽しむ」という具合です。

ただ書き留めるだけではありません。今度はこれを、誰かの前で宣言します。カウンセラーの前でも構いません。相手の前にしっかりと立ち、相手の目を見て、力強く宣言します。他人に話したことは実行率が高いという調査データがあります。

これをすると、様々な思いが出てきます。「うそくさい」、「演技しているよう」、「実行できるだろうか」、「無理に決まっている」という思考や、悲しみや絶望感、無力感、恥ずかしさなどのネガティブな感情を体験したり、あるいは逆に、本当に望んでいたことに気づいて涙があふれたり、期待とやる気で力がみなぎったりと、ポジティブな反応を感じるようにします。それが次の、バリアへの対処につながります。

（５）バリアへの対処

実行しようとしたときにじゃまをする内心の反応（これをバリアと言います）を予測します。前項のコミットメント宣言をしたときに湧いてくる気持ちを観察することが予測の助けになります。否定的な気持ちの予測は、やる気を削ぐのではないかと心配して、これをしない傾向があるものですが、実は全く逆です。拒否する感情や考えをあらかじめ予測し、アクセプタンスと脱フュージョンで対処できるように練習しておくのです。

（６）励ましの言葉

励ましになる言葉を考えます。たとえば、「千里の道も一歩から」、「前のめりに倒れる」など。聖書の言葉の中に適切な言葉を見つけるのも良いでしょう。

（７）挫折に備える（三日坊主攻略法）

自分は三日坊主だと悩んでいる人もいることでしょう。どうせ三日坊主だと思うと、気後れを感じるのではないでしょうか。そのようなとき、以下のことを心に止めてください。それは、「挫折は必ずある」ということです。いっぺんでうまくいくはずがありません。少しずつ前進する！それで良いのです。一気に変わったものは、元に戻るのも早いです。「三歩進んで二歩下がる」くらいでいいのです。これが現実的な考えというものです。

挫折は失敗ではありません。次の言葉はイギリスの元首相、チャーチルの名言です。“Success is the ability to go from failure to failure without losing your enthusiasm.”「成功とは、情熱を失わずに、失敗から失敗へと渡っていく能力のことである。」

意外に思われるかもしれませんが挫折は良いものです。さらに言えば必要なものです。なぜなら挫折は、道を外れたことに気づかせてくれます。どこで道を外れたのか、もう一度、上記のコミットメントのプロトコルで検討してみましょう。挫折の繰り返しによって、元に戻る能力が高まり、より素早く戻れるようになります。そして、挫折の不快な気持ちをアクセプタンスや脱シュージョンで抱えることができるようになると、それらを大切な自分の一部として、継続的なチャレンジへのバネにすることができるようになります。さらにその挫折の辛い気持ちを知る者として、自分に優しくなり、他人にも優しくなれます。

ではは挫折したときに、具体的にどのようにすればいいのでしょうか。ここでこそマインドフルネスの出番です。挫折したときの気持ち、落胆、罪悪感、自己嫌悪、絶望感、無力感をマインドフルに感じてみましょう。ここで自分の前にある別れ道をイメージしてください。一方は、これらの深い感情を消去するために、回避的にあきらめる道です。はじめからかったことにするのです。あるいは、はじめから重要ではなかった、本気ではなかったなどと言い聞かせるやり方です。このやり方は、すぐに効果を表します。不快感は消えて無くなるでしょう。けれども、それも束の間のこと、まもなくもっとひどい長期的な自己嫌悪や自己不全感、不満感に苛まれることになります。

もう一方の道は、心の中に苦痛を抱えるスペースを作り、経験から学び、もう一度始める勇気ある決断を敢行する道です。きっとそのように生きる自分が好きになってくるはずです。苦しみを抱えてなお決断的に生きる人生は、その人に尊厳を与えます。自分のエネルギーを使っているという充実感と満足感で満たされ、生き生きとした活力が生じてきます。

さあ、この二つの分岐点に立って、自分はどちらを選びたいのか、自分の心に尋ねてください。

コア・プロセスの中のコミットメント

コミットメントの反対は繰り返される役に立たない行動です。コミットメントによって、三日坊主をはじめとする様々の衝動的・回避的なパターンを克服していくことができます。これまでの説明でもお分かりのようにコミットメントと他のコア・プロセスは相乗効果で進んでいくものです。ここでもその関連を整理しておきます。

コミットメントと価値とはお互いに手と手を取り合って進んでいくものであることはこれまでの説明でも十分にお分かりになったと思います。そしてさらに、コミットメントは価値を実現する具体的な方法であるだけでなく、人生への態度でもあります。コミットメントはそれ自体ひとつの価値でもあるのです。

コミットメントにはアクセプタンスと脱フュージョンが不可欠です。同時に、コミットメントから湧き上がる活力と充実感は希望となり、アクセプタンスと脱フュージョンを支えます。

コミットメントは、自分が自分のカウンセラーになることです。つまり、コミットメントは俯瞰する自己を必要とするとともに、俯瞰する自己を鍛えていくことにもなります。

今この瞬間に接していることも、コミットメントには求められます。「今がその時」という感覚は、自分が自分の人生に参加している感覚、コミットメントの感覚そのものでもあるのです。

信仰のコミットメントとACTのコミットメント

神の全権の支配は信仰義認の教理を生み出し、人間の義認と聖化のために無為であることを求めます。そして、マインドフルネスが無為のために用いるツールです。一方、神によって新しく創造された義認と聖化は人間の側にそれにふさわしい極めてアクティブな倫理的応答を求めます。ここに価値へのコミットメントを援用してみてはどうかと考えるわけです。価値へのコミットメントは、聖書的な信仰によってどの程度支持されうるものなのでしょうか。

(1) 信仰のコミットメント

信仰義認の教理は、理屈で考えれば行為なしの怠惰が正当化されることになります。しかしながらパウロは、ローマ書6章1節以下で、「恵がますようにと、罪の中に止まるべきだろうか。決してそうではない。」と言い、パウロが実在的《リアル》に体験している「キリストにある」義認とは別物であることを批判的に論じ、12章から「キリストにある生」として倫理を展開します。またヨハネの手紙一でも、『神を愛している』と言いながら兄弟を憎む者がいれば、それは偽り者です。目に見える兄弟を愛さない者は、目に見えない神を愛することができません」（Ⅰヨハネ4・20）

と、福音と律法が一定の秩序のもとに結び合うものであることを説いています。またルターによって「藁《わら》の書簡《しょかん》」と揶揄《やゆ》され顧《かえり》みられることの少なかったヤコブの手紙も、その倫理的な重要性の故に聖典の中に保持され、「しかし、『あなたには信仰があり、わたしには行いがある』という人がいるかもしれません。行いの伴わないあなたの信仰を見せなさい。そうすれば、わたしは行いによって、自分の信仰を見せましょう。」と、言葉だけで実態の伴わない「信仰なるもの」に警告を発しています（ヤコブ2・18）。

イエス自身も律法を廃止せず（マタイ5・17）、良い実を結ぶよう命じ（マタイ7・15～20）、行いの伴わない信奉は虚しいことを警告しています（マタイ7・21～27）。これらの行いへの要求は、愛敵の教えをはじめとして時に実行不可能なほどの苛烈さを帯びます（マタイ5・21～48の六つのアンチテーゼ説教）。

このアンチテーゼ説教の実行困難性は、一見ＡＣＴのコミットメントにおけるゴールの第二条件、現実的な達成可能性に反しているように思われますが、復活後に弟子たちにあたえられた罪の啓示の観点から読み直すならば、極めて福音的な恵の言葉であったことが了解されます。復活後の罪の啓示の観点とは、これらの説教を聞く側の立ち位置が、裁く側から裁かれる側へ、被告から原告へ転換することによってもたらされたものです。「ばか」、「愚か者」と揶揄する側から、そのように罵られる側への転換。姦淫をいさめる側から、姦淫の罪におののき離縁に怯える女性の側への転換。誓いを果たす自信家から果たし得ない弱さを自覚したものへの転換。正義を持って加害者に抗議する側から、自ら加害者として怯えながら被告席に座る犯罪者への転換。赦しがたい敵を憎む側から、赦されざる罪責感に悶絶する側への転換。こうした転換は、イエスの十字架が弟子たちにとって自分たちを含めた人間の罪の啓示となったことによって起こりました。この転換を経験した弟子たちの目には、かつてのあまりにも厳しく思われる律法は反転し、実に恵と哀れみに満ちた福音へと変貌したのです。十字架においてまことの人として自分を現したイエスのみが、これらの厳格な律法の成就者であり、復活後弟子たちはこのイエスによって赦されていた自分たちを見出すのです。

数千人への給食という難題を「あなた方の手で食物をやりなさい」と弟子たちに課されたことも、手元にあったわずかの魚とパンで良しとされたことは、主がわたしたちに何を要求しておられるかをわかりやすく示唆する記述です。求められているのは成果ではなく、主が共にいてくださる恵の中で期待と喜びをもって「言われたことをする」という僕《しもべ》としての服従行動なのです（ルカ17・10）。

これらの聖書箇所が事実上示している言葉から明らかなように、一見実行不可能と思われる苛烈な要求も、イエスの全権を掌握する贖罪と新生が共にあるという恵の観点からは、達成可能なもので良しとされていることがわかります。主はわたしたちに決して無理難題を吹っかけているのではありません。常に高いハードルを乗り越えなければならないというようなものではないのです。このような事情の下で、勤勉な行動が強く求められているキリスト者の生活に、神を神とする信仰の下で、世俗の手法（つまりＡＣＴのコミットメント）を持ち込むことは容認され得るのではないか考えます。

（２）ＡＣＴのコミットメントの妥当性

ただいまいくつか聖書を当たって、（「何もしない」と付け合わされた）「何でもする」を振り返りました。（これらは神の先行する贖罪と新生の業なしではないことは、いくら確認してもし過ぎることのない事柄です。）そして、ここで求められる信仰のコミットメントに、ＡＣＴのコミットメントは次の諸点で援用することが可能と思われます。

①　主の臨在における期待と喜びの服従においては、外部からの命令と自己の内側からわきあがる意欲とが一つになります。「なすべきこと」が「やりたいこと」だということです。し

たがって、自己の内面を見つめることで価値を探し求めるＡＣＴのやり方は、祝福されるものであると考えてよいでしょう。

②　イエスのものをはじめ聖書の倫理的要求は、具体的な状況抜きに語られた普遍的な原則という性格を持っていません。あのときはこう、このときはこうという、状況に即応した柔軟なものであるということです。ＡＣＴの価値の柔軟性及び挫折を計算に入れる目標設定の柔軟性は助けとなると思われます。

③　ＡＣＴにおいての目標設定はあくまで暫定的で、価値の方向での再検討と再チャレンジを励ますという点で、キリスト教的倫理の未完成性と親和的です。

④　状況の倫理という性格と関連して、聖書の戒めは、たとえ伝承の過程で抽象化の傾向が付与されていたとしても、元来は常に具体的な課題を背景としたその場限りの具体的指示であったことは明らかです。ＡＣＴのコミットメントも、達成可能かつ測定可能な具体性を要求する点で共通しています。

結論として、罪赦された者として自らの苦悶を抱えながらの服従には、自らの挫折体験に打ち負かされることなく再チャレンジするＡＣＴの勇気の技法は使用を認められてしかるべきものと考えます。かつまた、ＡＣＴの示す、「失敗から失敗へと情熱を持って渡り行く」歩みを、「五つのパンと二匹の魚」のように用いていただくことを期待したいものです。

まとめ

万事を良しとする神の声を背後に聞きながら創造的に歩む信仰の生は、苦しみの主体であるイエスに付け合わされる生であり、苦しみの反転したところにある正義に赴かれるイエスに従う生でありまず。前者には、今ここで俯瞰する自己の視点からなすアクセプタンスと脱フュージョンが、後者には、同様の視点からなす価値の明確化とコミットメントが、（ただし、神の選びと資格づけのもとで）用いられうるものではないかというのが、この書物の仮説でした。そして、これまで縷々述べてきたことが、首尾よく仮説証明に役立つものであったかは、読者の皆さんのご批判に負うところ大であります。牧師であり心理臨床の場にも身を置く者として、与えられた着想のこのような披瀝が、主の前に責任を果たしうるものであったかは、今後もわたくしの自問するところとなるでしょう。

あとがき

父は浄土宗のお坊さんでした。母はクリスマスになると牧師館に献金を持って行くだけのクリスチャンでしたが、お寺の様々なもめごとの中で軽んじられながらも柳のようにしなやかに優しく強く働いておりました。やがて「お寺は母でもっている」と誰もが言うようになりました。

母は当時の女性としては珍しく大卒でした。就職の相談で教授を訪ねたところ、実家がいわゆる花街にあり美容室を営んでいることを知るや、そのキリスト者教授は手のひらを返したように冷たくなったと当時の傷心を語ったものです。キリスト教に絶望する中で宗教的な静穏を期待して寺に嫁《か》したものの適応できず、父と二人で北海道に渡りました。知己なき極寒の地、生活は過酷だったと思います。母は再び教会に通うようになり、わたしと弟は無理やり日曜学校に行かされました。後継者問題で父がお寺に呼び戻されたとき、再度の晋住《しんじゅう》は母にとってよほどの決意だったろうと思います。

父は病気のため12歳で片足を失いました。その苦汁の人生を母の祈りと助けによって生き抜いた父が、天国でキリストの懐に抱かれていることをわたしは信じています。日曜日になると、朝には教会で礼拝を、夕べには弟が住職のお寺に行って今や立派な認知症となった母と夕食を共にし、幼い日に母が教えてくれた「主の祈り」を一緒に祈って帰ります。わたしたちは、教会とこの世との境目をうろうろしてきた家族です。

「信仰を持たない人に信仰を前提にして語る」という敷居を簡単にまたいでしまうような着想へと導かれたのも、キリスト者 - 非キリスト者を峻別するわけにはいかない曖昧ゾーンを身近に感じていたからかもしれません。

わたしは思春期の頃受験勉強に邁進する生き方の中で自己嫌悪に陥り、当時母が所属していた改革派の伝統を持つプロテスタント教会に通い始めそこで洗礼をうけました。その後「人の価値は能力ではない、あるがままで良しとされる」という解放の良き知らせを、同じように悩む人々に伝えたいと思うようになり、牧師になることを心に決めて志望大学を変更し、さらに神学校に進みました。

１９８５年27歳で念願だった牧師の道を歩み始めたのですが、歩み出した途端、それまでどちらかというと頭でっかちの勉強一筋だった私は、世間の風に晒されるとたちまち行き詰まってしまい、人を助けるどころか自分が溺れてしまうような有様でした。そこに至って僧侶だった父が心理学を学んでいた記憶が顔をだします。教会の仕事の傍ら少しずつ心理学を学び始めました。それはかつて思い描いた「福音を伝えたい」という願いと相俟って、人の心、人々の関係を見つめる心理学に魅力を感じたからです

１９９６年にアメリカの神学校に留学する機会を得、そこで会衆学（Congregational Studies）とスピリチュアリティーを学びましたが、いつかは心理学を深く学んでみたいという思いがさらにつのりました。仕事をしながらの学びはとても困難でしたが、今にして思えば恵みの時間でした。聖書に向き合い説教に取り組む日々の中で、人の心の御《ぎょ》しがたさ、「何でも有り」の人間模様に圧倒されながら、わたしは大いに陶冶《とうや》され

たと感じています。

この本においてキリスト教の立場から心理学を語るということに、また心理療法の手法でキリスト教の宣教を語ることに、ある種の奇異をお感じになる方もいらっしゃるでしょう。しかし人は誰しも自分の持場から語るしかありません。群盲巨象を撫ず。わたしの語ることも真理のいくばくかに貢献できることを望みます。限界を感じつつも世界に向けて語らずにおれないのは、わたしの限界を一番よく知っておられる神が、それでも「語れ」とおっしゃるからであり、耐え難い苦しみをそのまま抱え、できないと分かっていることに一歩を踏み出す人が一人生まれるかもしれないと思うからです。

信仰は力業ではありません。むしろ力を捨てることです。だから誰にでもできることです。苦しみとの戦いをやめ、見込みのないことに今動き出すことです。なぜなら神が戦われ、神が勝利されるからです。

しかしここに私にとって積年の課題があることを告白しなければなりません。福音を伝える人助けの最大の誘惑は、いわゆる「上から目線」になってしまうということです。それは仏教であれ、キリスト教であれ、共通に抱えている災厄です。人から評価されたいという気持ちと権威に従うべきという暗黙の了解が相まって、カウンセリング関係に上下が持ち込まれると、破壊的な結末になります。

ＡＣＴはパワーバランスには特に敏感なセラピーで、クライアントと対等の関係性を作ることが決定的に重要になります。信仰と同様、ＡＣＴも教え込まれたものによって人生を歩むのではなく、実感のともなう体験的な知恵を大切にするからです。これとは反対に、自分の体験を経ずして教え込まれた行動パターン

（ルール支配行動）は融通性の利かないもの、効果がないのに止められないものになってしまいます。

こうした問題を抱えたクライアントに、牧師やセラピストが上から目線でものを言い、それをクライアントがうのみにすれば、新たなルール支配行動を植え付けるだけで、問題解決どころか病理を一層深めてしまう結果にさえなりかねません。ＡＣＴのセラピストは、自分の意見でクライアントを導くのではなく、クライアント自身の体験に訴えその体験自体が解決に向かう推進力となるようにすることで対等な関係を作ろうと努力します。

「先生」と呼ばれることで心くすぐられる誘惑、助ける側と助けられる側とのパワーバランス、わたしはこの種の問題の払拭しがたさに手を焼いてきました。しかし、「クライアントの体験こそが問題解決の主体である」というＡＣＴのスタンスを堅持することで、クライアントを従属させ無力化してしまうジレンマから抜け出すことができたと思っています。

こうした実践的なテーマには、別な書物が必要となるでしょう。人助けに伴うジレンマは「謙虚になれ」と説教することでは解決しません。心理的プロセスの問題から見るときに、目からうろこの解決があります。いずれの日か、パストラル・カウンセリングのコンピテンシー（秘訣）の研究から実践の道を示すことができればと願っています。

２０１９年９月

早坂文彦

参考文献

（初学者のための文献を比較的わかりやすい順に配列しました。）

スティーブン・C・ヘイズ『ACT（アクセプタンス&コミットメント・セラピー）をはじめる――セルフヘルプのためのワークブック』（星和書店、2010）

ラス・ハリス『よくわかるACT（アクセプタンス&コミットメント・セラピー）――明日からつかえるACT入門』（星和書店、2012）

スティーブン・C・ヘイズ、カーク・D・ストローサル、ケリー・G・ウィルソン『アクセプタンス&コミットメント・セラピー(ACT) 第2版――マインドフルネスな変化のためのプロセスと実践』（星和書店、2014）

武藤 崇『ACTハンドブック――臨床行動分析によるマインドフルなアプローチ』（星和書店、2011）

ジェイソン・B・ルオマ、スティーブン・C・ヘイズ、ロビン・D・ウォルサー『ACT（アクセプタンス&コミットメント・セラピー）をまなぶ――セラピストのための機能的な臨床スキル・トレーニング・マニュアル』（星和書店、2009）

パトリシア・A・バッハ、ダニエル・J・モラン『ACT（アクセプタンス&コミットメント・セラピー）を実践する――機能的なケース・フォーミュレーションにもとづく臨床行動分析的アプローチ』（星和書店、2009）

ニコラス・トールネケ『関係フレーム理論(RFT)をまなぶ――言語行動理論・ACT入門』（星和書店、2013）

杉山尚子、島 宗理、佐藤方哉、リチャード・W. マロット、アリア・E・マロット『行動分析学入門』（産業図書、1998）

ユーナス・ランメロ、ニコラス・トールネケ『臨床行動分析のABC』（日本評論社、2009）

著者略歴：
早坂文彦（はやさか・ふみひこ）

1957 年生まれ。
農村伝道神学校卒業
サンフランシスコ神学校修了、D. Min.（牧会学博士）
カリフォルニア臨床心理大学院修了

日本キリスト教団　西仙台教会牧師
ACT 心理相談室主宰、臨床心理士、公認心理師

論文：「牧会カウンセリングにおける ACT 応用に関する試論」『宮城学院女子大学研究論文集』122、「キリスト教的マインドフルネスの歴史的系譜と応用」『宮城学院女子大学研究論文集』124、「マインドフルネスとキリスト教信仰：牧会におけるマインドフルネスの利用のために」『福音と社会』（農村伝道神学校紀要）33

ACT によるパストラル・カウンセリング入門　理論編

2019 年 9 月 20 日 初版発行
2020 年 9 月 20 日 再版発行

著　者 ── 早坂文彦

発行者 ── 安田正人

発行所 ── 株式会社ヨベル　YOBEL, Inc.
〒 113-0033 東京都文京区本郷 4-1-1　菊花ビル 5F
TEL03-3818-4851　FAX03-3818-4858
e-mail : info@yobel. co. jp

装丁者 ── ロゴスデザイン：長尾優

印刷所 ── 中央精版印刷株式会社

定価は表紙に表示してあります。
本書の無断複写（コピー）は著作権法上での例外を除き、禁じられています。
落丁本・乱丁本は小社宛にお送りください。
送料小社負担にてお取り替えいたします。

配給元─日本キリスト教書販売株式会社（日キ販）
〒 162 - 0814　東京都新宿区新小川町 9 -1
振替 00130-3-60976　Tel 03-3260-5670

©Fumihiko Hayasaka, 2019 Printed in Japan ISBN978-4-909871-00-8 C0011

聖書は、断りのない限り聖書 新共同訳（日本聖書協会発行）を使用しています。

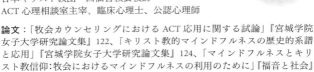